NANNI BALESTRINI
LANDSCHAFTEN DES WORTES

NANNI Balestrini

LANDschaften DES Wortes

HERAUSGEGEBEN VON
THOMAS ATZERT,
ANDREAS LÖHRER,
REINHARD SAUER
UND JÜRGEN SCHNEIDER

Mit Übersetzungen von Thomas Atzert,
Gerald Bisinger, Annette Kopetzki,
Andreas Löhrer, Bert Papenfuß,
Antonello Piana, Reinhard Sauer,
Jürgen Schneider, Regine Wagenknecht
und Paul-W. Wührl

ASSOZIATION A

© Berlin, Hamburg 2015 (zu den einzelnen Texten siehe
den Nachweis am Schluss des Buches)
Assoziation A, Gneisenaustr. 2a, 10961 Berlin
www.assoziation-a.de, berlin@assoziation-a.de, hamburg@assoziation-a.de
Abbildungen: © Nanni Balestrini
Gestaltung: Andreas Homann
Druck: CPI
ISBN 978-3-86241-445-1

INHALT

High and Hell, 2001;
Klischees aus Magnesium, 300 x 70 x 70 cm

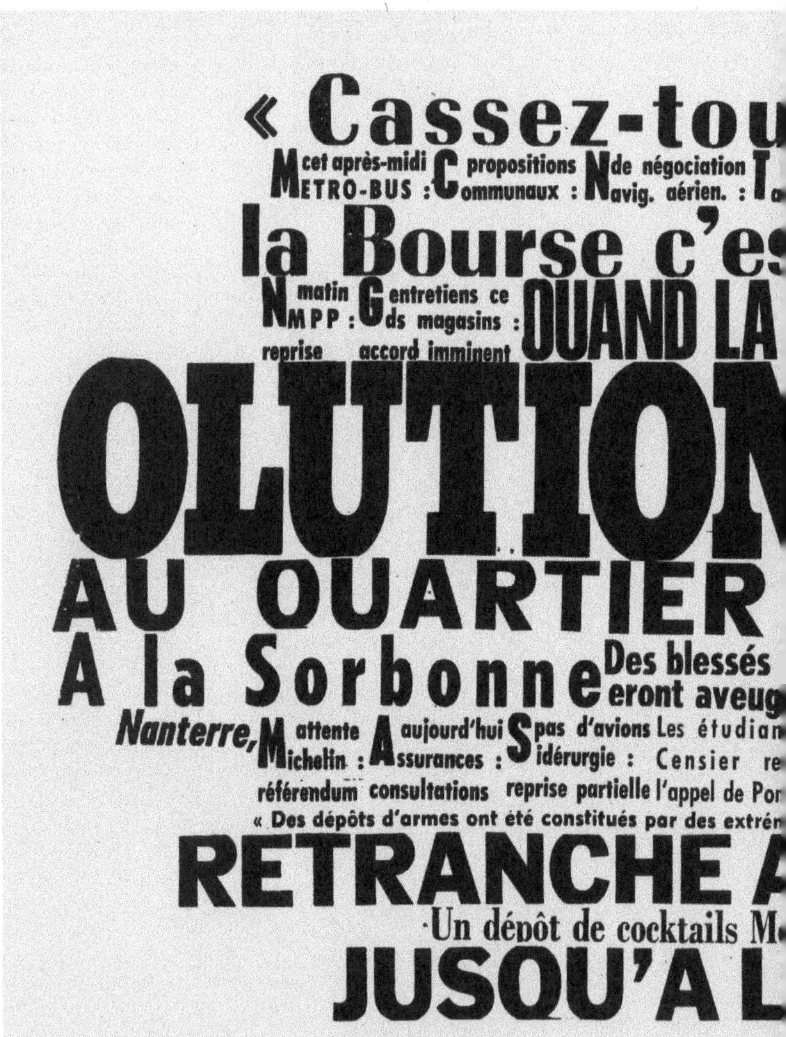

Révolution de Mai, 1972; Mixed Media auf Holz, 100 x 154,5 cm

REV

SP

Air-France :
vote Pversitaire
Pharmacie
Sécurité soc. :

ANCE ECLATE
reprise Paccord
Buni Pétrole :
anques :P Le
reprisepoint TT :

BPP

e temple du

00 arrestations après la nuit

capitalisme
Mpas d'accord
Métallurgie :
discussions à Paris

ATIN,
Wnuit nouvel. Egrève poursuivie
Wagons-lits : Enseignants :

DE
et voitures
barricades n'ont
barricade qui flan
d'émeute à Paris

ENU
et de bombes

UBE MAI

Nanni Balestrini

FOTO: RENATE VON MANGOLDT

Nanni Balestrini ist im deutschen Sprachraum vorwiegend für seine politischen Romane bekannt. *Wir wollen alles, Die Unsichtbaren* und *Der Verleger* verarbeiten die politische Geschichte Italiens und der sozialen Bewegungen von 1968 bis 1977. *I furiosi* und *Sandokan* werfen ein Schlaglicht auf Entwicklungen der italienischen Gesellschaft, auf Fußball-Hooligans und die Camorra. Hierbei wurde Balestrini als explizit »politischer« Autor gesehen, während sein experimenteller Ansatz in der Rezeption eher im Hintergrund blieb. Seine Lyrik, die den größten Teil seines Werkes ausmacht, ist hier nur wenigen bekannt. So gab es bisher auf Deutsch nur einen einzigen Gedichtband: *Weitschweifige Tänze verbal. Fünf Balladen*, von Gerald Bisinger übersetzt, 1978 im Verlag Klaus Renner erschienen und längst vergriffen. Erst in diesem Frühjahr erschien im Wiener Klever Verlag Balestrinis Langgedicht *Blackout* aus dem Jahr 1980.

Balestrini ist seit den 1950er Jahren eine der bedeutendsten Figuren der italienischen Kultur- und Literaturszene: als Schriftsteller, Dichter und bildender Künstler im Rampenlicht wie auch als Verlagslektor und -berater, unermüdlicher Zeitschriftengründer und Organisator von Literaturfestivals hinter den Kulissen. So wie er in der Durchsetzung und bei der Verbreitung der italienischen Nachkriegsavantgarde (Gruppe 63, Verlagsarbeit bei Feltrinelli etc.) eine Schlüsselrolle spielte, gehört er selbst als Autor, Lyriker und Künstler zu deren wichtigsten Vertretern, der mit den avanciertesten literarischen Techniken und Formen (Cut-up, Lettrismus etc.) experimentierte.

Er war einer der Gründer der Gruppe »I Novissimi«, die 1961 die gleichnamige Lyrikanthologie herausgab, mit Werken von Alfredo Giuliani, Elio Pagliarani, Edoardo Sanguineti, Nanni Balestrini und Antonio Porta (eigentlich: Leo Paolazzi). Die Gruppe, die sich später als »Gruppo 63« konstituierte, wollte sich von der italienischen Nachkriegsliteratur abgrenzen, von den klassischen Intellektuellen aus dem Umfeld der Kommunistischen Partei, und neue Wege gehen. Balestrini schrieb dazu in der Anthologie:

»Und das Ergebnis dieses Abenteuers wird ein neues Licht auf die Dinge sein, ein Riss in den düsteren Spinnweben der

Konformismen und Dogmen, die pausenlos einwickeln, was wir sind und worin leben. Es wird eine Möglichkeit sein, sich wirksam der ständigen Sedimentation zu widersetzen, deren Komplize die Trägheit der Sprache ist« (*I Novissimi. Poesia per gli anni '60*. Neuauflage, Einaudi 2003, S. 165).

Balestrini hatte schon 1961 ein Gedicht mithilfe eines IBM-Großrechners erstellt. »Tape Mark I« war der erste Versuch, die neue Technologie für seine experimentelle Kunst zu nutzen. Nach einem bestimmten Algorithmus wurden drei Sätze aus verschiedenen Werken, dem *Daodejing* (oder *Tao te king*) von Laozi (Laotse), dem Bericht des japanischen Arztes Michihiko Hachiya über die Atombombenexplosion in Hiroshima und Paul Goldwins *Il mistero dell'ascensore* zu einem Gedicht kombiniert. Ein ähnliches Verfahren nutzte Balestrini auch für seinen Roman *Tristano* (1966, Neuauflage 2007, dt.: 2009, siehe den Aufsatz von Peter O. Chotjewitz).

Schon in den 1960ern praktizierte Balestrini das, was er »visuelle Poesie« nannte, »Cronogrammi«, in denen er Collagen aus Zeitungsschlagzeilen erstellte. In verschiedenen Ausstellungen präsentierte er seine Arbeiten, die über reine Textcollagen hinausgingen. Für die Werkgruppe »Plis« – der Titel verdankt sich Gilles Deleuzes Buch *Le Pli – Leibniz et le baroque* von 1988 – erstellte er zumeist mit Schriften und Bildern bedruckte Plastikbeutel (einige davon sind im Band *Alles auf einmal* des Literarischen Colloquiums Berlin von 1991 reproduziert). 1993 präsentierte er bei der XLV. Biennale in Venedig die »verbale Skulptur« *La Torre di Icaro* (Der Ikarus-Turm). 2012 bei der dOCUMENTA (13) in Kassel stellte Balestrini seinen Collagefilm »Tristanoil« vor (siehe den Aufsatz von Jürgen Schneider).

Während der dOCUMENTA (13) erschien ferner in einer zweisprachigen (italienisch und englisch) Ausgabe der Text *Carbonia (We were all communists)*. Darin schildert – ähnlich wie in *Wir wollen alles* – ein politischer Aktivist sein Leben in mehreren Stationen: von der Kriegsmarine in die deutsche Kriegsgefangenschaft, nach dem Krieg als Arbeiter in den Kohlebergwerken von Carbonia auf Sardinien, dann die Emigration nach Australien und schließlich die Fabrik- und Wohnungskämpfe Anfang der 1970er Jahre in Mailand.

Was eher unbekannt ist: Nanni Balestrini war auch als Übersetzer aktiv. In den 1950ern übersetzte er Gedichte von Ingeborg Bachmann und Texte von Helmut Heißenbüttel, später dann *Aus der Fremde. Sprechoper in 7 Szenen* von Ernst Jandl. Aus dem Englischen übersetzte er Samuel Becketts letztes Werk *Stirring Stills* (*Immer noch nicht mehr*) und aus dem Französischen *Triptyque* (*Triptychon*) von Claude Simon und *Le mur du Pacifique* (*Die Mauer des Pazifik*) von Jean-François Lyotard.

Anlässlich von Nanni Balestrinis 80. Geburtstag am 2. Juli 2015 möchten wir in diesem Band die Vielfalt seines Werks vorstellen, mit einem Querschnitt durch seine Lyrik und noch nicht auf Deutsch veröffentlichten Prosatexten, wie den beiden erst vor kurzem verfassten *Der junge Mann mit der goldenen Pistole* und *Bewegten sie sich sanft im Tanz* sowie Auszügen aus *La violenza illustrata* (Die illustrierte Gewalt) von 1976 und *Una mattina ci siam svegliati* (Eines Morgens sind wir aufgewacht), einem Text, der die große antifaschistische Demonstration am 25. April 1994 nach dem Amtsantritt Silvio Berlusconis beschreibt.

Außerdem haben sich Freunde und Kollegen Balestrinis zu Wort gemeldet, sein Werk gewürdigt, einzelne Aspekte näher beleuchtet oder gemeinsame Erlebnisse geschildert; aus Italien Renato Barilli, Franco Berardi Bifo, Giairo Daghini, Umberto Eco und Raffaella Perna, aus Frankreich Paul Virilio und aus Deutschland Michael Wildenhain, Bert Papenfuß, Jürgen Ploog, Jost Müller, Hanna Mittelstädt, Peter O. Chotjewitz und Jörg Burkhard, in dessen Heidelberger Buchladen ich 1977 Balestrinis *Wir wollen alles* aus dem Trikont-Verlag entdeckte.

Die Texte der italienischen Autoren stammen aus der Zeitschrift *Resine. Quaderni liguri di cultura*, Nr. 132–133 (2013) – *Materiali, immagini, parole per Nanni Balestrini*. Wir danken an dieser Stelle besonders Pier Luigi Ferro, ohne dessen wertvolle Hilfe dieser Band so nicht hätte entstehen können.

Wir verzichten hier auf ausführliche biografische Notizen und verweisen auf Peter O. Chotjewitz' grundlegenden Essay über die italienische Neo-Avantgarde und den Balestrini der 1960er und 1970er Jahre.

Andreas Löhrer, im Frühjahr 2015

Paul Virilio
DIE MAUER DER WÖRTER

Alle Mauern fallen früher oder später,
die von BERLIN wie die der Türme von
NEW YORK.
Alle Mauern murmeln, dass Architektur,
selbst das MONUMENT eine eigene Zeit hat.
Eine Landschaft des Wortes, erstreckt sich das Werk
von Balestrini von Seite zu Seite, horizontal
und vertikal, vom ZENITH
zum NADIR, von der Grenze zur Küste.
Unter seinen monumentalen Säulen
ist begraben jeder SAMSON der Geschichte
dieser belanglosen Welt
eines Journalismus, bei dem die Fassade der Wörter
kaum die ÜBEL einer Gesellschaft verbergen kann,
die Hass verbreitet:
DEN DES BILDSCHIRMS GEGEN DEN TEXT,
des Visuellen gegen das Visible.

RUHE,
Stupor einer Zivilisation, die das Allerschlimmste
erwartet, die Emanzipation der Monster,
und die einem Zaun gleich
ihre POLITISCH KORREKTEN PHRASEN aufstellt
auf Kosten der Poesie.
Torheit des Sehens! des Hörens, wo
das AUDIOVISIBLE peu à peu stilles Lesen
und mentale Bildwelten eliminiert.
Maßlosigkeit über Maßlosigkeit, in der die Welten
im Spiegel erstickter Mentalitäten
sich ins Unendliche reflektieren.

Ist ein Buch, das nicht gelesen worden ist,
noch immer ein Buch?
IST ALLES, DAS NICHT ERSCHEINT, ODER
                    NOCH NICHT,
DAHER VERLOREN?

Philoquatsch in diesen angeblich realen Zeiten,
in denen das Ereignis lediglich
auf dem Bildschirm erscheint, GEGEN UNS,
von Angesicht zu Angesicht, konfrontiert mit
der massenmedialen Beeinflussung.
Tyrannei der Wellen gegen die Wörter
des Lebens SUI GENERIS.

Bei der Begegnung mit APOLLINAIRE auf halbem Weg
webt BALESTRINI Wort für Wort
die Tapisserie der Paragraphen.
In einem divergenten Strabismus
wie dem des Terrors, des Schreis,
der die GROSSEN MASSAKER ankündigt,
erstellt NANNI DER KALLIGRAPH
eine epistolare Landschaft,
deren unsichere Kataster
den Blick verwirren.

»WENN POESIE VERSCHWINDET,
BEGINNT DAS SCHLACHTEN«,
schrieb ein lateinamerikanischer Poet …
Für unseren lateineuropäischen Poeten
ist die megalithische Mauer
der Presse das Ärgste:
Sie ist ein Lager, in dem nicht nur der Poet
eingesperrt ist,
sondern auch die Prosa
im Dienste des Werbegetöses
für den GEMEINSAMEN MARKT,
diesen Riesenschwindel,
bei dem ITALIEN das LEBENSGROSSE
Opfer ist.

»Lagerkriminalität«, Gewalt ausgeübt bei Zusammenkünften
hinter verschlossener Tür, unter AUSSCHLUSS,
bei denen die Editorials die KAPOS sind,
die Kurzmeldungen die Schreie der Opfer
der Henker!

Hier ist NANNI BALESTRINI
der Mann auf der Flucht, der dem Bordell
Entflohene, der Zeuge, verpflichtet
von einem gnadenlosen Jahrhundert,
in dem das Bild des Bösen alle Wörter
ausgelöscht hat,
angefangen mit dem des Erbarmens,
des MITLEIDS!
Dieses Gegenteil der Beleidigung,
das trotz allem schützt vor dem
HASS DER WERBUNG.

Dem Architekten der Fluchtlinie,
dem Grafiker der Grenzen
und Ränder
SALUTE!

Dem Maurer von Fundamenten
dem Errichter der Großen Trennlinie
dem Freund NANNI
ein langes Leben!

Aus dem Englischen von Jürgen Schneider

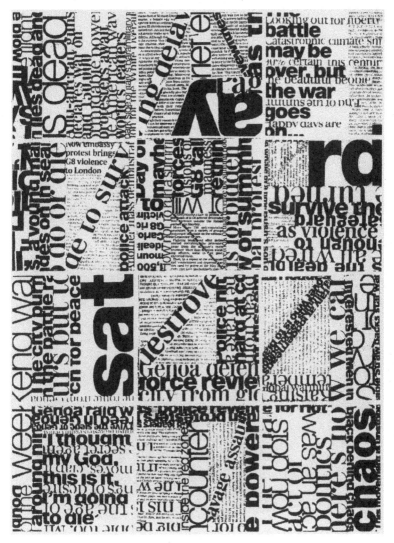

G8, 2001;
Klischees aus Magnesium, 300 x 50 x 45 cm

Coverfoto des Bandes *Con gli occhi di linguaggio*: Nanni Balestrini
vor dem Sitz der Kooperative Nuova Intrapresa. Mailand 1986.

Peter O. Chotjewitz
NANNI BALESTRINI UND DIE
»NEO-AVANTGARDE« DER 60ER JAHRE

Anfang der 60er Jahre traten erstmals nach einer fast vierzigjährigen Pause in Europa und Übersee an verschiedenen Plätzen wieder ästhetische Avantgarden in Erscheinung, die sich häufig auch als politische Avantgarden gerierten (so gab es Marxisten in der New Yorker Fluxus-Szene, Gerhard Rühm pflegte sich noch Mitte der 60er Jahre als »Trotzkist« zu bezeichnen, das Rot der *Reihe rot*, Zeitschrift der literarischen Avantgarde in Schwaben, war natürlich auch eine Anspielung auf Blochs Aphorismus, dass es eigentlich nur rote Geheimnisse gebe, Heißenbüttel widmete seinen ersten – experimentellen – Roman dem französischen Enzyklopädisten und Rationalisten d'Alembert etc. etc.).

Es ist bemerkenswert, dass sich die Sekundärliteratur dieser Avantgarde, soweit ich sehe, nie als Ganzem zugewandt hat. Es gibt zwar eine Menge publiziertes Material und auch Studien zu einzelnen Figuren, Gruppen und Teilbereichen, aber keine zusammenfassende, grenzüberschreitende Erörterung und Darstellung.

Sofern sie fortlebt und weiterwirkt, ist sie mit der jüngsten Geschichte von Kunstgattungen oder einzelnen Künstlern verknüpft, die sich etabliert haben oder jederzeit vom Markt zum Markenartikel erklärt werden können. Innovateure wie Diter Rot dienen als Animateure für Knallköpfe, sein Werk wird ungerügt als Fundgrube missbraucht, in der Einfaltspinsel, die nur eins fürchten, nämlich nicht im Trend zu liegen, nach dem Motto »Wir häkeln unsere Kunstwerke selber« nach Ideen kramen.

Sofern über die Avantgarde der 60erJahre gesprochen und geschrieben wird, haben die Darstellungen den Charakter von nostalgischen Rückbesinnungen, und die Schlagworte sind leer geworden: Fluxus, Happenings, Neo-Dada, Neo-Realismus, experimentelle Literatur, Konkrete Poesie, Neue Musik, Wiener Dichtergruppe, Gruppe 63 etc. etc.

Sie war schlagartig da, diese »Neo-Avantgarde«, bemächtigte sich der Künstler wie eine Epidemie, irritierte das Publikum und war den Medien immerhin ein paar affektierte Schlagzeilen und Skandalmeldungen wert – sei es, wenn die Mitglieder der Wiener Dichtergruppe als Flagellanten mit einer Schreibmaschine über den Ring zogen, Paik seinen Arsch ins Publikum streckte, Vostell uns in alte Autoreifen steckte, in der Tiefgarage der Galerie Attico in Rom leibhaftige Pferde standen, die französischen Geräuschpoeten vom Podium herab im Chor und vielstimmig niesten, schnaubten, hüstelten und stöhnten, Nitsch ein Lamm zerlegte oder Oswald Wiener und die Seinen auf die Bühne schissen. Vor allem die Österreicher waren groß im Erzeugen von Igitt und Bähbäh.

Die neue Künstlergeneration, die da antrat, war – im Gegensatz zur heutigen – so offen, neugierig und dermaßen zum Unverkäuflichen, unerwünschten Experiment bereit, wie jeder Nachahmung, jeder Orientierung auf gängige Trends abhold, dass schon der kleinste Hinweis, Bruchstücke von Informationen, ausreichten, um die Saat weiterzutragen. Ich denke nur an den Dichter Ernst Jandl, der gängige, nicht einmal schlechte, aber langweilige Gedichte schrieb und praktisch von einem Tag auf den anderen auf die Linie der Wiener Dichtergruppe einschwenkte und sich zu einem der witzigsten und wichtigsten Vertreter der neuen Literatur entwickelte.

Gemeinsam war den neuen Avantgarden fast überall, dass sie Wege aus dem Ghetto ihrer jeweiligen künstlerischen Gattung suchten (wie Mon, Höllerer und de La Motte mit ihrer legendären Dokumentation *Movens* von 1960 zeigten), interdisziplinär arbeiteten, soweit die sehr beschränkten Mittel das zuließen, und nicht selten auch die romantische Idee des Gesamtkunstwerks wieder ins Auge fassten.

Nicht zufällig fanden in Italien parallel zur Konferenz »Il romanzo sperimentale« (Der experimentelle Roman), die 1965 in Palermo von der Gruppe 63 organisiert wurde, die 5. Internationale Woche der Neuen Musik, die Kunstausstellung *Revort 1*, Erstaufführungen im Teatro Biondo, eine öffentliche Rezitation der Gruppe und die Vorführung von Experimentalfilmen statt.

Natürlich war es nicht zuletzt dieser Versuch, die verschiedenen Disziplinen ineinandergreifen zu lassen, der immer wieder die Zelebritäten der verschiedenen Kunstgattungen als

Platzwarte in Panik versetzte. In Italien bezeichnete Carlo Bo die Autoren der Gruppe 63 als »unbefugte und unerwünschte Gäste der literarischen Welt Italiens«. In der BRD hatte Reich-Ranicki den Einfall, der Avantgarde vorzuhalten, sie dürfe sich nicht beschweren, wenn sie diskriminiert werde, da sie es ja darauf anlege, nicht anerkannt zu werden.

Als Glücksfall der »Neo-Avantgarde« erwies sich, dass die verkarsteten Strukturen in der Literatur, Musik, bildenden Kunst, im Film, im Theater kaum Aussicht auf Anerkennung, hinlängliche Einkünfte oder auch nur ernsthafte Arbeitsbedingungen boten und gleichzeitig ein neues, junges Publikum bereitstand, das die biedere Betulichkeit, mit der der etablierte Kulturbetrieb sich darstellte, zum Kotzen langweilig und öde fand.

Ein zweiter Glücksfall war, dass einige Vertreter der ersten Avantgarde des Jahrhunderts noch lebten und nach der schier endlosen Durststrecke von Faschismus, Krieg und Wiederaufbau eine sehr eingeengte, muffige und innovationsfeindliche Moderne entstanden war, an der man sich reiben konnte und musste. Wo immer aber man sich rieb und an der Fassade der etablierten Kunstrichtungen und Künstler kratzte, sprangen einem die Namen, Werke und Wechselfälle der Avantgarden entgegen, die zwischen 1890 und 1920 und zum Teil auch danach noch am Werk gewesen waren.

Die verkarstete Kunstlandschaft Ende der 50er/Anfang der 60er Jahre entsprach einer nur 15 Jahre nach Kriegsende schon wieder erstarrten Gesellschaft und einem ebenso festgefahrenen politischen Denken, dem sich die »Neo-Avantgarde« jedoch zunächst nicht mit einem politischen Diskurs entgegenstellte. Das erfolgte teilweise und tendenziell erst später, von einzelnen Künstlern vorgetragen wie Vostell, Immendorf, während gleichzeitig andere Künstler bereits anfingen ins Establishment abzudriften, da das künstlerische Klima permissiver wurde und damit die Voraussetzungen für den Aufstieg einzelner Vertreter der »Neo-Avantgarde« zu Geld, Amt und Würden entstanden.

Die politischen und sozialen Rahmenbedingungen, die die »Neo-Avantgarde« auch provoziert haben mögen, werden zwar nur ansatzweise – eventuell in privaten Zeugnissen, Briefen usw. – zu eruieren sein (von Ausnahmen abgesehen: siehe Balestrini), sie sind nichtsdestoweniger evident und drücken sich, wie mir scheint, durchweg im Verlust realer politischer und sozialer Utopien aus – sei es, dass die Träger solcher Utopien (Parteien, Gesellschaften) diskreditiert, sei es, dass sie dem Anpassungsdruck erlegen waren (Stichworte: die mit Kapitalismus und NATO versöhnte SPD nach dem Godesberger Programm, die Einführung des autoritären Präsidialsystems unter de Gaulle in Frankreich, die mit dem Bau der Mauer in Berlin sichtbar gewordene Krise des praktischen Sozialismus, die USA auf dem Weg zur Weltpolizei [»We are the cops of the world«], der Beginn des »Centro-sinistra« = »Mitte-links-Koalitionen« in Italien usw.).

Der Dissens, wie er Anfang der 6oer Jahre auf relativ breiter künstlerischer Ebene manifest wurde – in der BRD etwa durch das Wiesbadener Fluxus-Festival, in der Literatur durch Enzensbergers berühmte Anthologie *Vorzeichen*, die u.a. Jürgen Becker, Gisela Elsner und Ror Wolf vorstellte, in der Kunst durch René Blocks Westberliner Kellergalerie hinterm Nollendorfplatz gekennzeichnet – war nur scheinbar ein rein ästhetisches Phänomen. Das demonstrative und destruktive Element überwiegt – ein Merkmal, das die neue Ästhetik mit den von ihr vorausgesetzten politischen Bewegungen verbindet, in die sie nach 1966 zum Teil einmündete.

Der Kunstbegriff, der seit den frühen 6oer Jahren an Gewicht gewinnt (von Vostells »Kunst=Leben / Leben=Kunst« bis Scharangs »Schluss mit dem Erzählen«), will nicht nur die tradierten Schranken zwischen den Kunstgattungen einreißen und setzt nicht nur die akademische, normative Ästhetik außer Kraft, die damals vorherrscht. Sie will auch die Grenzen zwischen dem verständigen Kunstpublikum und dem Ignoranten aufheben, indem sie anstelle des Kunstkonsumenten den gleichberechtigten Mitspieler setzte (der dann freilich doch wieder nur Konsument war, wenngleich ein noch ratloserer, was die Position des Künstlers eher noch erhöhte, statt ihn gleichzumachen) und zielte damit ins Wesen des Gemeinwesens: am deutlichsten wohl in Manifesten wie Bazon Brocks *Bitte um glückliche Bomben auf die deutsche Pissoirlandschaft.*

Für den Bereich der Literatur sind der Sprachzweifel und die Auseinandersetzung mit der Sprache als Mittel des Erkennens, der Darstellung und der Kommunikation nicht nur ein Affront gegen weite Teile des literarischen Establishments (was zum Beispiel 1957 in Pasolinis Polemik gegen die Autoren der Avantgarde-Zeitschrift *Il Verri*, Giuliani, Eco, Barilli, Balestrini deutlich wird: »Experimentalismus im Stil des 19. Jahrhunderts; nutzlose und aprioristische Suche nach längst anerkannten Neuigkeiten«). Wenn Balestrini 1961 behauptet, die Sprache habe keine andere Bedeutung mehr, als ihre Untauglichkeit zur Bezeichnung der Dinge zu zeigen; sie habe »ihre Mittlerfunktion zwischen Subjekt und Objekt verloren«, so spiegelt sich darin auch die weithin empfundene Krise der Bedeutungen, der Kommunikationslosigkeit und des Zusammenbruchs der Hierarchie der Zeichen wider.

Durch die Herausnahme des Subjekts, vor allem der Subjektivität des Autors aus seinen Schriften (zu den Autoren der Edition des *Verri* gehören Ende der 50er Jahre Robbe-Grillet und Nathalie Sarraute), verweigert dieser der Gesellschaft auch die Tröstungen der Literatur und stellt sie als faktisch sprachlos an den Pranger. Die Literatur versteht sich damit als Radikalopposition. Folgerichtig wird Balestrini zehn Jahre später mit seinem zweiten Roman *Wir wollen alles* eine Figur in den Mittelpunkt stellen, die sich nicht sprachlich begreift oder artikuliert, und zwar den rebellischen Süditaliener, den es nach Turin verschlägt.

Es war dieses Rütteln am Kinderglauben der meisten Menschen und mit ihnen der meisten Autoren, Kritiker und Verleger, die Sprache sei ein Mittel, das man mit genug Fleiß, Intelligenz und Begabung dazu gebrauchen könne, Geschichten zu erzählen, Nachrichten zu übermitteln, Wahrheiten auszutauschen, Wirklichkeiten zu beschreiben, Gedanken zu verbessern, Köpfe aufzurichten, Leser zu unterhalten oder was auch immer, das die Herren (und Damen) des Literaturbetriebs so gegen die damalige literarische Avantgarde aufbrachte. In einer Kritik eines meiner Bücher Ende der 60er Jahre in *Die Welt der Literatur* forderte Helmuth de Haas: »der Sprache das Alphabet zu erhalten, dem Wort das Beiwort«. Sein Verdikt lautete, dass einige Autoren »auf die verwegene Weise des Narziss die Selbstreflexion der Wahrnehmung vorziehen, die Pfütze im Garten als See begreifen und sich selbst als Gegenwelt setzen«.

In Italien war der 1935 in Mailand geborene Nanni Balestrini, dank seiner Frühreife einer der ersten Protagonisten der literarischen Neo-Avantgarde, zu der in Rom Autoren wie Giuliani, Manganelli, Pagliarani, Lombardi gehörten. Das waren zumindest die, die man traf, tags in den Bars und Trattorien zwischen Spanischer Treppe und Piazza del Popolo und nachts in der Whisky-Bar in der Via dell'Oca, wo vor allem Germano Lombardi und Elio Pagliarani immer saßen, aber natürlich saßen da auch die Künstler der Galerie Attico, denn die Bar gehörte dem Galeristen.

Von der Gruppe 63 hatte ich schon vorher gehört. Die *Akzente* hatten den Autoren bereits ein Heft gewidmet, bei Suhrkamp war (1964, wenn ich mich nicht täusche) *Das Gänsespiel* (Il gioco dell'oca) von Edoardo Sanguineti erschienen, in dem ich viele Parallelen zu meinem damals bereits fertiggestellten, aber noch nicht veröffentlichten Roman *Hommage à Frantek* entdeckte (aber vielleicht fand ich die Analogien auch in seinem Roman *Capriccio italiano*, ich entsinne mich nicht), und in Westberlin gehörte Gerald Bisinger, sensibilisiert durch seine Freundschaft mit den Autoren der Wiener Gruppe, zu den ersten Anhängern der »Novissimi« (den »Allerneuesten«) Balestrini, Giuliani, Pagliarini, Porta und Sanguineti.

Es gab im Übrigen keine »Gruppe«, keine »Novissimi« als De-facto-Organisation, wie die westdeutsche Gruppe 47 eine war, die ja alle Charakteristika einer Loge und Pressuregroup aufwies. Es gab 1961 die einmalige Anthologie *I novissimi* in der Edition des Verri und es gab in den Jahren 1963 bis 1967 die von Balestrini organisierten Konferenzen in Palermo, Reggio Emilia, abermals Palermo, La Spezia und Fano, an denen, außer den »Novissimi«, jeweils an die 40 Autorinnen und Autoren teilnahmen, darunter auch heute so entschiedene Gegner der »Gruppe« wie Sebastiano Vassalli, der schrieb: »Es ist überflüssig zu sagen, dass Balestrini ein wohlhabender Herr ist, dessen Hobby Revolution heißt.«

Schon das Schicksal der im Frühjahr 1967 erstmalig in Selbstverwaltung erscheinenden Monatszeitschrift *Quindici*, die als offizielles Organ der »Gruppe« galt und deren Titel an

Balestrinis Wohnungstür klebte, als ich ihn im Winter 1967/68 das erste Mal besuchte, zeigt, wie uneinheitlich die »Gruppe« war. Sie musste 1969 wegen unüberwindlicher Divergenzen der Mitarbeiter eingestellt werden.

Verständlich, wenn man die wenigen Nummern durchblättert: Neben literarischen Texten, Kritiken und Feuilletons, findet man heftige kulturelle Polemiken und Dossiers über die Kulturrevolution in China, die weltweite Studentenbewegung, den Pariser Mai, die Zerschlagung der Ansätze für einen Reformsozialismus in Prag, die italienischen Massenbewegungen.

Balestrinis Konsequenz aus dem Zerfall von *Quindici* und Gruppe 63 war die Gründung der Zeitschrift *Compagni,* (was ihm den Beinamen »Genosse Komma« eintrug) und die Teilnahme an der Gründung der außerparlamentarischen Gruppe »Potere operaio« (Arbeitermacht).

Zu Beginn der 60er Jahre waren die Italiener, von denen hier die Rede ist, in einer erheblich günstigeren Situation als die Autoren in anderen Ländern. Sie hatten mit dem *Verri* ein respektiertes Forum und mit dem Lyriker Antonio Porta, der in Wahrheit Leo Paolazzi heißt, auch den Kompagnon ihres Verlegers Rusconi & Paolazzi auf ihrer Seite. Außer dem *Il Verri* entstanden weitere experimentelle Zeitschriften wie *Marcatre, Malebolge, Grammatica.* Mit dem 1962 veröffentlichten *Opera aperta* (Das offene Kunstwerk) von Umberto Eco lag im Übrigen schon bald das Standardwerk der Theorien und Poetiken der damaligen literarischen Avantgarde vor.

Balestrini begann, 19-jährig, mit Gedichten, die in der Zeitung *MAC* von Gillo Dorfles erschienen. Zu seinen Vorbildern gehörten Pound und Brecht, Roussel und Apollinaire, die Dadaisten und Emilio Gadda. Er interessierte sich für bildende Kunst und neue Musik und war Stammgast in der Bar Jamaica, wo auch die Experimentellen Lucio Fontana, Piero Manzoni und Enrico Castellani verkehrten.

1956 wird er Redakteur des soeben begründeten *Il Verri*. Ende der 50erJahre arbeitet er im Verlag »Edizioni del Verri«, später bei Bompiani. In den 60er Jahren finden wir ihn zunächst in Mailand bei Feltrinelli, der quasi zum offiziellen Verlag der »Neo-Avantgarde« avancierte und wo nun auch *Il Verri* erschien. 1964 übernimmt er die römische Filiale des Verlages, den er erst nach dem Tod des Verlegers verlässt.

Während des Exils 1979 bis 1984 ist er als Berater für Gallimard tätig. 1976 bis 1978 arbeitet er in Mailand für die von ihm gegründete »Area« – ein verlegerisches Dienstleistungszentrum, das Kleinverlagen helfen soll, ihre Bücher gegen den Druck der Großunternehmen zu veröffentlichen und zu vertreiben. Das Unternehmen unterstützt Projekte wie die »Cooperativa Scrittori« (in der nicht nur die Gedichte von Porta und Balestrini erscheinen, sondern auch so ehrgeizige Publikationen wie die gesamten Akten der parlamentarischen Anti-Mafia-Kommission) – insgesamt an die zehn Reihen, die aus der »Bewegung« hervorgehen wie »L'Erba Voglio«, »Librirossi«, »Aut Aut«, »Edizioni delle Donne« und »Lavoro Liberato«.

Die »Area« steht in dieser Zeit – genau wie zahlreiche Verlage, Buchhandlungen, Zeitungen und Radios der »Autonomen«, denen Balestrini sich inzwischen angeschlossen hatte – unter ständigem politischen Beschuss und die Einschüchterungen, Durchsuchungen und Verhaftungen der Szene waren an der Tagesordnung. Erwähnt seien nur die Schließung von Radio Alice und die Verhaftungen der Verantwortlichen der Verlage Bertani und der Zeitschrift *zut*.

Als »Area« 1978 wegen des politischen Drucks schließen muss, arbeitet Balestrini an den Vorbereitungen für die (bis heute existierende) Zeitschrift *Alfabeta* mit. Wenige Tage vor Erscheinen der ersten Nummer schlägt die Justiz abermals zu, es ist der 7. April 1979, der Tag der großen Abräume, der generalstabsmäßige Schlag, den fast alle politischen Parteien, von den Kommunisten bis ins rechte Lager hinein seit langem gefordert hatten, und durch den ein Großteil der radikalen Opposition, praktisch das gesamte autonome Spektrum ausgelöscht wird und einige Hundert Linke (bekanntestes Opfer: Toni Negri) für Jahre und zum Teil Jahrzehnte in den Hochsicherheitsknästen verschwinden.

Der Haftbefehl gegen Balestrini lautet auf Zugehörigkeit zu einer bewaffneten, subversiven Vereinigung und legt ihm und anderen pauschal 19 Morde zur Last, darunter den an Aldo Moro. Aus dem unerwünschten Besetzer des Literaturbetriebs von 1963 ist ein steckbrieflich gesuchter Staatsfeind geworden.

Durch eine Verwechslung sucht man den Autor an falscher Stelle, er kann gewarnt werden und flüchtet – wie vor ihm so viele Antifaschisten der 20er und 30er Jahre auf Skiern durch den Schnee der Alpen – nach Frankreich. Erst fünf Jahre später wird er freigesprochen, der Haftbefehl gegen ihn aufgehoben.

Das literarische Werk dieses vielseitigen Anregers und Bewegers kann ich nur andeuten, so wie es auch dieses Bändchen nur tun kann. Die Bibliografie, die der Ausgabe des Romans *Vogliamo tutto* des Mondadori-Verlages von 1988 vorangestellt ist, verzeichnet sieben Gedichtbände, der erste 1961, vier Romane, sechs Theaterstücke und Hörspiele, sieben Libretti und Ballettentwürfe, dazu zahlreiche literarische und essayistische Beiträge.

In vieler Hinsicht typisch sind die »Signorina Richmond«-Gedichte. Das betrifft ihre Publikationsgeschichte wie ihre Machart. Der erste Zyklus beginnt im Sommer 1976 und erscheint fast regelmäßig in der Monatszeitschrift *Linus*. Ein Teil der Balladen erscheint mehrfach und auch in anderen Organen wie *L'Erba voglio*, *Il Verri* und *Rosso* – dem Organ der autonomen Bewegung. Der erste Zyklus erscheint komplett 1977 im Verlag der Autoren-Kooperative Rom.

Anlass für die Gedichte sind u.a. Themen und Episoden der wiederaufflammenden Kämpfe der »Bewegung von 1977« – die Demonstration gegen die Eröffnung der Opernsaison der Mailänder Scala, die Rede des Gewerkschaftsvorsitzenden Lama in der Universität Rom, die Schließung von Radio Alice in Bologna, die Ausgrenzung Jugendlicher.

Nach dem Freispruch und der periodischen Rückkehr Balestrinis nach Italien erscheint der zweite Zyklus der Balladen, ebenfalls zunächst in der Zeitschrift *Linus*, der 1987 als Ganzes vorgelegt wird.

Die Materialien, die in diesen Texten montiert werden, sind so vielfältig wie die Strukturmodelle, die als Ordnungsprinzipien dienen: ein Handbuch der Ornithologie, ein Kochbuch, eine Häkelanweisung, ein Handbuch des Zeitvertreibs, ein Lehrbuch für Balletttänzer, dazu Versatzstücke aus Politikerreden, Zeitungsartikeln. Es braucht Phantasie und Interesse an den Methoden experimenteller Arbeit, um Zugang zu diesen

Texten zu finden, aber es wäre irreführend, sie deshalb als »hermetisch« zu bezeichnen.

Schon die frühen Gedichte sind nur scheinbar hermetisch verschlossen. Balestrini gehört nicht zu der weitverbreiteten Spezies der Lyriker, die poetische Mittel zweckentfremden, um Plattitüden aufzumotzen. Die zentrale Nachricht seiner Gedichte sind immer die Methoden ihrer Entstehung, das Spiel mit dem sprachlichen Material und den Formen. Das Gedicht ist weder Lebenshilfe noch Erzählmittel. Es bewahrt seine Eigenständigkeit im asozialen Raum und provoziert eben dadurch, dass es sich ausgrenzt. Die Nachricht, die es verbreitet, ist es selber.

In der Prosa der drei großen Romane, *Wir wollen alles*, *Die Unsichtbaren* und *Der Verleger* geht Balestrini den umgekehrten Weg. Hier wendet der Autor sich den »heißen« Themen seiner Zeit zu, und es ist der Stoff selber, der das literarische Mittel suggeriert. Sowohl *Wir wollen alles* als auch *Die Unsichtbaren* weisen alle Anzeichen von Oral History auf. Es gibt in beiden Romanen lokalisierbare »Erzähler« mit einer sozialen und individuellen Legende und einem präzise sichtbaren Umfeld, denen der Autor scheinbar als Protokollant zur Seite steht – im ersten Fall der aus Süditalien stammende junge Arbeiter, der sich in die Turiner Klassenkämpfe Ende der 60er Jahre begibt, im zweiten Fall ein junger Mann aus der Unterschicht, der als Chronist einer Gruppe jugendlicher Autonomer die Entstehung der Gruppe, ihre Kämpfe und ihre Isolierung in einem Hochsicherheitsknast schildert.

Im ersten Kapitel des Romans *Der Verleger* schließlich beschreibt ein nicht sichtbarer Protokollant die Obduktion der Leiche des Verlegers Feltrinelli, der im März 1972 von einer Explosion zerfetzt unter einem Hochspannungsmast in der Nähe von Mailand aufgefunden wurde. Die offizielle und vermutlich auch richtige Version lautete, Feltrinelli habe sich einer aus dem Untergrund operierenden subversiven Gruppe angeschlossen, aber die Todesursache ist noch immer umstritten.

Der Text, in einer geradezu schmerzhaft penetranten Bürokratensprache, ist penibel und von einer Detailbesessenheit, die dem Vorgang der Obduktion entspricht. Er entspricht freilich nicht der Sprachhaltung des Buches insgesamt, das (Zitat

Balestrini in einem Brief) »im Gegensatz zu den anderen, sehr unterschiedliche Strukturen aufweist: Die ungeraden Kapitel bedienen sich der Sprache der Zeitungen jener Epoche, während andere sich der Methode des fiktiven Monologs bedienen, der zeitweise die Erzählweise eines Drehbuchs annimmt und gelegentlich mehrstimmig wird, wobei die Zeiten, die Situationen und die Personen sich überschneiden (in den geraden Kapiteln).«

In allen drei Fällen (*Wir wollen alles*, *Die Unsichtbaren* und *Der Verleger*) gelingt es Balestrini, wichtige Beiträge zur jüngeren italienischen Sozialgeschichte zu liefern, wichtige Etappen der Klassenauseinandersetzungen zu analysieren und darzustellen, ohne der Gefahr zu erliegen, Methoden des Sachbuchs oder der konventionellen Prosa zu kopieren.

Die Methoden seiner Prosa sind hier so experimentell wie die sozialen Massenbewegungen und die individuellen Lebenswege, von denen sie handelt. Die Fiktion, quasi Tonbandmitschnitte zu publizieren, in *Wir wollen alles* und *Die Unsichtbaren*, und die kameralistisch akribische Aufzeichnung minimaler Details, die in ihrer Bedächtigkeit an Robbe-Grillet erinnert, im ersten Kapitel von *Der Verleger* wie auch die Diversifikation der Stilmittel in den übrigen – alles das ist zur literarischen Methode erhoben.

Das Ursprungsmaterial Alltagssprache wird in einem amalgamatischen literarischen Prozess konzentriert, ausgefeilt und durchstrukturiert und damit in einen komplexen Code verwandelt, der den Text eigenartig abhebt, von konventioneller Darstellung wie auch von seiner außerliterarischen Herkunft.

Zugleich bleibt das Ausgangsmaterial jedoch stark genug, um einen Erzählfluss zu erzeugen, der den Leser unmittelbar in die Ereignisse hereinzieht und die Romane brisant und spannend macht.

Einladung an alle, Balestrini zu lesen.

Umberto Eco
DIE ILLUSTRIERENDE GEWALT

Als 1960 die poetische Sammlung der *Novissimi*, des Vortrupps der Gruppe 63 und der Neo-Avantgarde, herauskam, erschien Nanni Balestrini vielen als der am wenigsten Interessante (jedenfalls der mit der am wenigsten verständlichen Unverständlichkeit). Andere bemerkten, dass in Balestrini ein starkes poetisches Talent lag, sofern man den Gedanken akzeptierte, dass man Poesie machen kann, indem man Stücke aus der alltäglichen Massensprache aufeinanderprallen lässt und damit verfremdende Effekte erzeugt. Ich erinnere mich, dass Luciano Anceschi, der schon immer ein großer Entdecker von literarischen Talenten war, zu mir sagte, man müsse doch etwas tun, um Balestrini zu zwingen, etwas aktiver zu werden, denn er sei zwar gut, aber apathisch. Ein paar Jahre später hatte Balestrini den Parnass schockiert, als er ein Gedicht mit einem IBM-Rechner erzeugte, er war zum wichtigen Teil der Gruppe 63 geworden, hatte eine Technik des kulturellen Terrorismus erfunden, die die Gegner zu falschen Schritten verleitete, schrieb Gedichtbände, denen er Titel gab wie *Come si agisce* [Wie man handelt], gründete *Quindici*, und Anceschi fragte mich, wie man diesen Balestrini ein bisschen beruhigen könne, der alle, besonders seine Freunde, in einen Zustand permanenter Erregung und Mobilisierung versetzte. Damit will ich sagen, dass Balestrini auch als Schriftsteller ein stilles Wasser ist. Als '68 kam und Balestrini sich in die Basispolitik stürzte, dachte man in den literarischen Kreisen, man sei den Aktivsten der Parasiten – einen, der viel schrieb, indem er stets die Feder der anderen benutzte – losgeworden.

Und als er dann vor einigen Jahren *Wir wollen alles* schrieb, den Roman des Arbeiterprotests über die Schlacht am Corso Traiano und den Wildkatzenstreik bei FIAT, waren viele froh, ihn auf frischer Tat ertappt zu haben: Vom literarischen Standpunkt aus war der Avantgardist der 60er Jahre nämlich zur »engagierten« Literatur übergegangen, die fast ein sozialistischer Realismus war: Doch dafür hatte er sich in die Sackgasse des Extremismus begeben, und das musste auch so kommen, denn er war schon immer ein roter Brigadist der

Literatur gewesen, der Texte entführte und sie zerschnitten zurückgab.

Ich möchte jetzt nicht über den speziellen Typ von Balestrinis Operaismus diskutieren, so wie es manchmal auch nicht nötig ist, über, was weiß ich, den Legitimismus von Balzac zu diskutieren. Das Problem ist, zu schauen, was uns dieser Buchautor von seiner ideologischen Position aus in der Form von Texten zurückgibt und ob diese Texte uns helfen, sowohl etwas zu begreifen über seine Schreibmechanismen als auch über die Welt, in der wir leben. Und ich sage gleich, dass ich *Wir wollen alles* schon immer für ein Buch gehalten habe (und das habe ich auch geschrieben), das konsequent den literarischen und politischen Diskurs des experimentellen Balestrini fortsetzt. Zuerst montierte er die *excerpta* der alltäglichen literarischen Banalität zu Collagen, dann montierte er zu Collagen die *excerpta* der Fabriksprache, aufgezeichnete Bekenntnisse oder hektographierte Flugblätter.

Dacia Maraini fragt sich in ihrer Rezension des jüngsten Balestrini (von dem wir noch sprechen werden) in *Tuttolibri*, auf welcher Seite der Autor wohl stehe. Ich bin mit der Frage nicht einverstanden. Balestrini steht auch heute noch auf der Seite des Protagonisten von *Wir wollen alles*. Doch skeptisch gegenüber dem einen Material und zustimmend gegenüber dem anderen, ermöglicht er uns in beiden Fällen, in verschiedene Welten einzudringen, indem er nebeneinanderstellt, was diese Welten »sagen«, ohne persönliche Meinungen darüberzulegen. Das heißt, es gibt zwar eine Meinung, aber heruntergebrochen auf die Art und Weise, wie das Material montiert wird. Einem amerikanischen Wissenschaftler für italienische Politik, der mich jüngst nach Texten zum Verständnis dessen fragte, was in den Fabriken links von den Gewerkschaften vor sich geht, antwortete ich, er solle für den Anfang *Wir wollen alles* lesen.

Nun erscheint Balestrini bei Einaudi mit seinem neuen Buch *La violenza illustrata* [Die illustrierte Gewalt]. Und manch einer, der nicht bemerkt hatte, dass *Wir wollen alles* die konsequente Fortsetzung seiner vorherigen Techniken war, sagt, Balestrini sei vom engagierten Realismus wieder zur experimentellen Collage zurückgekehrt. Dass dieses Buch ganz und gar eine Collage ist, daran besteht ja kein Zweifel. Es geht zum Beispiel los mit einem Text, der einem vorkommt wie die Zeugenaussage der Mutter von Leutnant Calley: Ich bin nicht sicher, ob der Text, wenn auch bruchstückhaft, homogen ist, oder wie stark Einschübe aus anderen, optimistischeren Texten eine Rolle spielen; wenn der Text echt ist, dann ist Frau Calley eine fürchterliche Karikatur einer amerikanischen Mutter aus der schweigenden Mehrheit: Ist er falsch, ist die Figur im Buch eine fürchterliche Karikatur einer amerikanischen Mutter aus der schweigenden Mehrheit. Das macht keinen Unterschied. Dann geht es weiter mit einer Montage von Zeitungsausschnitten, die an einen der heißen Tage der Stadtguerilla in Mailand erinnern. Dem Anschein nach ist es nur eine Reihe von Zeitungsausschnitten, einer neben dem anderen. Liest man sie genauer, erkennt man einen Rhythmus, eine Technik der Akkumulation. Wenn man will, kann man sie überfliegen, wie manche Beschreibungen in Romanen. Aber wenn man sie nicht überfliegt, stellt man fest, dass sich der Autor auch des zerstückelten Diskurses bedient hat, indem er die Methode des Satzfehlers, der ausgelassenen, fremden oder umgekehrten Zeile benutzt. Dies erzeugt einen unruhigen Kontrast zwischen der erzählten Gewalt der Ereignisse und der linotypischen Kälte ihrer entfremdeten Verteilung auf bleierne Spalten.

Mit dem dritten Teil geschieht etwas noch Besseres (jedes Kapitel ein anderer Kunstgriff): Es wechseln sich einerseits journalistische Beschreibungen dramatischer Arbeitsunfälle (aus Zeitungen unterschiedlicher Ausrichtung) ab mit Beschreibungen eines Besuchs des Staatspräsidenten in einem Krankenhaus (ich glaube, es geht um die Cholera in Neapel). Hier erzeugen, auch ohne den Kontrast zwischen dem Schrecken des alltäglichen Massakers und dem heiteren Ton der zweiten Reportage, schon allein die Stücke der zweiten einen komischen Effekt. Doch Balestrini arbeitet auch hier, und zwar tiefgehender, an sarkastischen Interpolationen und erreicht Rabelais'sche Momente in der Endmontage, wo, durch zufälliges Nebeneinanderstellen verschiedener Artikel, der Präsident das Krankenhaus verlässt (ich markiere die Übergänge von einer Zeile zur nächsten mit einem Schrägstrich) »er geht auf den Ausgang zu wo vie-/le Hände sich ihm entgegenstrecken um ihm auszuziehen zu desinfizieren die/ Hosen und die Schuhe mit einer Sprühdose dann geht er/ seinen Chef in einer anderen Klinik besuchen der im Ster-/ben liegt im nächsten Kapitel«.

Und man könnte so weitermachen und das Buch Teil für Teil analysieren: der achte zum Beispiel, der ohne scheinbare Zäsur zwischen einzelnen Berichten über eine Demonstration und Auszügen aus einer Novelle von Parisi über ein Hochzeitspaar hin- und herspringt; oder der fünfte, ein Actionkrimi, wie man ihn bekäme, wenn man Ausschnitte aus allen Filmen über Banküberfälle ohne Pause zusammenschneiden würde. Nun kann man Balestrinis Buch in dreierlei Sinn verstehen. Als politisches Werk, und in diesem Sinne ist es weniger eine Verteidigung der Gewalt oder ein Aufruf zum Kampf als eine Erklärung der Gewalt in all ihren Aspekten, das heißt eine Theaterinszenierung der gegenüberstehenden Gewalten, bei der die Gewalt der Institutionen und ihre Sprache die Gewalt gegen die Institutionen erzeugt. Und auch wer Balestrinis politischer Interpretation nicht zustimmt, muss zugeben, dass sein Buch zumindest klarmacht, worüber er sprechen will. Und etwas anderes kann sich avantgardistisches Schreiben als möglichen Erfolg auch nicht vornehmen, als durch eine anormale Herausstellung der Tatsachen zu einem Urteil anzuregen.

Liest man das Buch als »literarischen« Akt, dann ist zu sagen, dass man es sehr genau lesen muss, ohne sich an den ganz offen repetitiven Punkten zu langweilen. Denn in dieser Zusammenballung absolut gleicher Stücke legt der Autor eine erzählerische, dramatische Qualität in den grauesten Ereignissen der Alltagsberichterstattung offen. Anstatt die Literatur zu zerstören, erweitert Balestrinis Technik deren Wirkungsbereich: Es mag sein, dass sie die ganze Literatur mit Großbuchstaben veraltet wirken lässt, aber er zwingt uns, die ganze sprachliche Produktion, die unserer Aufmerksamkeit entgangen ist, als »natürliche« Literatur zu lesen. Aber wenn das stimmt, kann sein Buch auf andere Weise *benutzt* werden, das heißt, als antiautoritärer Akt. Und dann muss man es auch nicht ganz lesen: Es genügt, es zu überfliegen, um seine Techniken zu erahnen und es dann *genauso zu machen*. Das Universum der verbreiteten Sprache steht uns zur Verfügung, weil man ihr eine *andere*

Ordnung geben kann. Ich glaube nicht, dass jeder von uns das so gut kann wie Balestrini (der deshalb, und das tut mir leid für ihn, ein Schriftsteller bleibt), aber man kann es ohne jede Scham tun, und in diesem Sinne gibt uns Balestrini wieder einmal vor, »wie man handelt«.

Aus dem Italienischen von Andreas Löhrer

Larivolta (Dierevolte), 2011, Collage und Acryl auf Leinwand

Nanni Balestrini
DER JUNGE MANN MIT DER
GOLDENEN PISTOLE

es herrschte viel durcheinander ich sah ihn wie man ihn vor-
wärtsstieß auf dem straßenpflaster entlangzerrte er war von
unseren leuten umringt viele schrien er murmelte er sei bereit
allen geld zu geben wenn sie ihn gehen ließen er verlor blut viel
blut mit 69 jahren hält der körper das nicht aus für mich ist er
verblutet später zeigt ein fernsehsender weitere bilder der leiche
von rebellen die straße entlanggezerrt man sieht den halbnack-
ten körper dem man das hemd entreißt das gesicht ist rot vor
blut auf der einen seite des kopfes befindet sich ein einschuss-
loch neben dem gesicht die beine eines uniformierten kämpfers
gestorben ist er an zwei verletzungen durch feuerwaffen eine
am kopf und eine auf der brust das hat ein arzt erklärt der
zur gruppe gehörte die den körper ins krankenhaus begleitet
hatte ihr könnt euch nicht vorstellen was für ein glücksgefühl
heute sagt ein rebell ich kann es nicht beschreiben jetzt da die
tyrannei vorbei ist kann sich das volk erholen

versteckt in einem nur einen halben meter langen betontunnel
neben der einzigen straße die ihn weit fortbringen kann als
er eben dort gefunden wurde es war mittagszeit in der hand
hatte er eine goldene pistole kaliber 9 einige von den guerilleros
der revolution mit handys aufgenommene bilder zeigen ihn
wie er verwirrt herumschreit seine haare zerzauster als sonst
nicht schießen ein einziger schuss und ich habe ihn im bauch
getroffen umringt vom zorn der aufständischen eine minute
später lag er schon im sterben eine stunde später war er schon
tot wegen der schweren verletzungen an kopf und bauch sagt
der arzt im krankenhaus ich habe nicht gesehen dass er im
kanalrohr versteckt war als ich ankam hatten sie ihn schon zu
boden geworfen nachdem sie ihn festgenommen hatten aber ich
habe gesehen dass er sehr übel zugerichtet war von den splittern
den kugeln aber auch von den schlägen ich war verblüfft wir alle
wussten dass sein sohn dort versteckt war wir waren fast sicher
seinen sohn zu finden aber nicht ihn persönlich

die einzige gewissheit sind die bilder aus dem tunnel er wurde
gefilmt mit der aufgeknöpften uniformjacke eines obersts stau-
bigen haaren der bart frisch gestutzt und die stimmen der aufständischen die ihn vom boden aufheben ein guerillero hält
ihm eine pistole an den kopf er schlägt ihn mehrmals mit dem
knauf an die schläfe was habe ich dir denn getan ruft er war
durcheinander eindeutig erschrocken er wiederholte er würde
allen geld geben er würde die schule unserer kinder bezahlen
irgendwann brüllte ihn jemand an anstatt von geld zu reden
sollte er als guter moslem lieber beten seine seele gott anver-
trauen bevor er stirbt aber er sagt uns weiter er sei bereit uns
geld zu geben viel geld und gold laut den ersten rekonstruktio-
nen ist er am bein verletzt vielleicht infolge des bombenangriffs
auf seinen flüchtenden wagenkonvoi er scheint zu rufen nicht
schießen nicht schießen

seine augen sind offen als er aus der betonröhre kommt sie legen
ihn auf die motorhaube eines pickups und seine jacke ist voller
blut er zuckt nach vorn versucht sich aufzurichten schüttelt
sich ist verängstigt vielleicht sagt er etwas sie legen ihn wieder
auf die motorhaube ende der sequenz in einer anderen sieht
man ein bündel auf dem boden aus dem teile einer jacke fallen
hin- und hergedreht von den sandfarbenen stiefeln der aufständischen in wieder einer anderen sequenz liegt er in einem krankenwagen mit eingeschaltetem blaulicht der noch nicht losfährt
mit nackter blutiger brust sein kopf hängt von der bahre ein
arzt in weißem kittel hält sein rechtes handgelenk daneben eine
infusion und jetzt sind die augen geschlossen jemand behauptet
er sei auf dem weg ins krankenhaus gestorben getroffen an den
beinen am unterleib und am kopf von einer salve abgefeuert
von aufständischen zweifellos getötet vielleicht hingerichtet ein
unbequemer zeuge ist gestorben

einer erzählt er habe aus dem loch in dem er zuflucht suchte
gerufen nicht schießen nicht schießen die antwort sind die
kugeln die ihn tödlich am kopf und im unterleib verletzen
dann wird er auf die ladefläche eines pickups gezerrt wie in
einigen videos zu sehen ist die rebellen mit dem handy aufnahmen und die vom fernsehen übertragen wurden er ist auf

dieser ladefläche gestorben er hat viel blut verloren vielleicht hat
sein körper das nicht ausgehalten als sie mit ihm hinten drauf
losgefahren sind war er glaube ich schon tot laut einem arzt der
den leichnam sehen konnte ist er an den tödlichen verletzungen gestorben die ihm an kopf und bauch zugefügt wurden er
wurde bei einem angriff der kämpfer getötet sagt das fernsehen
es zeigt die bilder von soldaten die zwei große rohre unter einer
autobahn umzingeln wo er angeblich gefunden wurde er wurde
in den kopf geschossen es gab heftiges feuer auf seine gruppe
und er ist gestorben

gegen sieben uhr versuchen sie mit etwa hundert autos den
ausfall die posten der aufständischen melden die flucht und bei
einem luftangriff werden mindestens zwei fahrzeuge zerstört
die kolonne hält an die fahrzeuge der revolutionären truppen
sind schnell vor ort das feuergefecht ist heftig und chaotisch
die flüchtigen zerstreuen sich einige suchen zuflucht in den
beiden tunnels die unter der straße hindurchführen eine szene
wie im film derjenige der ihn im tunnel ausfindig macht ist
ein zwanzigjähriger mann er trägt ein blaues t-shirt und eine
baseballkappe der new york yankees er selbst erzählt einem
journalisten er erzählt wie er ihm von angesicht zu angesicht
gegenübersteht während er eine goldene pistole zeigt von der er
behauptet sie gehöre ihm das bild des jungen mannes wie er die
pistole in der hand hält wird im internet verbreitet schließlich
wird er weggebracht und auf den schultern getragen von seinen
kampfgefährten die in die luft schießen

er wurde lebend festgenommen verletzt blutend aber lebend
seine hinrichtung erfolgt einige minuten später es ist nicht
bekannt ob sie gewollt geplant oder die anarchische tat eines
guerilleros war er starb gestern morgen offenbar gegen neun
durch einen auf den oberst abgegebenen schuss wenn auch
die regierung der rebellen von einem projektil spricht das bei
einem gefecht mit seinen unterstützern abgeschossen wurde
im film sieht man ihn voller blut wahrscheinlich wurde er
schwer verletzt beim morgendlichen angriff auf den konvoi
der versuchte aus der schon von rebellen eroberten stadt zu
fliehen schwer verletzt und benommen lag er am boden viel-

leicht im krater den eine explosion verursacht hat vielleicht in einer betonröhre versteckt es ist schwer zu glauben dass er nach der explosion noch in der lage war seine goldene pistole zu ziehen wahrscheinlich lag sie neben seinem blutigen körper auf dem boden

der blutige leichnam wird auf das dach eines fahrzeugs geladen eine menge die das fahrzeug umringt rief das blut der märtyrer ist nicht umsonst vergossen worden abends zeigt das fernsehen die bilder der letzten momente seines lebens er war am frühen morgen festgenommen worden er war an beiden beinen verletzt als er versuchte in einem konvoi zu fliehen der aus der luft angegriffen wurde von den aufständischen festgenommen wird er zu einem pickup geschleppt und auf die motorhaube gelegt er wirkt erschreckt ist im gesicht verletzt versucht aber zu sprechen er ist barfuß sein hemd ist aufgeknöpft die haare sind zerzaust er wird auf die ladefläche eines pickups gelegt die rebellen um ihn herum singen schießen in die luft umarmen sich dann sagen sie uns dass er tot ist sie zerren ihn an den beinen ziehen ihm die camouflagejacke aus bedecken ihn mit einem weißen tuch das sind konfuse unscharfe fotos seine dunklen haare kontrastieren mit dem kräftigen rosa von hals und brust schließlich wird seine leiche gefilmt in einem krankenwagen auf eine bahre gelegt

wie ist er gestorben in der ersten version heißt es er sei den verletzungen erlegen während er ins krankenhaus gebracht wurde eine darstellung die möglich ist im grunde gab es ein gefecht doch es tauchen videos auf durch die diese version über den haufen geworfen wird die rebellen die dort sind zeichnen diese momente mit dem handy auf harte bilder auf einem lehnt sein kopf am bein eines menschen er blutet auf einem zweiten bild liegt er auf der motorhaube eines jeeps er wird heruntergezerrt und hält sich auf den beinen auch weil guerilleros ihn stützen man hört zweimal jemanden rufen lasst ihn leben dann schüsse man sieht nichts mehr in einem anderen clip liegt er mit nacktem oberkörper am boden man erkennt die wunde am brustkorb nicht aber hinter dem nacken ist blut sie drehen ihn hin und her er sieht wirklich tot aus in einem weiteren kurzen film

liegt er in einem fahrzeug man kann deutlich eine verletzung
auf der höhe des bauchs erkennen

neue version wir wollten ihn gerade ins krankenhaus bringen
als der krankenwagen unter beschuss geriet und eine kugel
seinen kopf traf wer hat auf ihn geschossen ein rebellenoffizier
erklärt im fernsehen einer unserer militärs mit einer pistole
kaliber 9 wie sie auch der zwanzigjährige mit dem blauen t-shirt
in der hand hielt er sagte zu mir nicht schießen ich habe ihn
umgebracht und ihm die goldene pistole aus der hand genom-
men schildert er während ihn die rebellen auf den schultern
wegtragen und andere schlange stehen um sich mit ihm und der
mythischen goldenen pistole fotografieren zu lassen die lokalen
fernsehsender übertragen auf alle bildschirme des landes die
letzten sekunden seines lebens also die leiche alle schicken per
mobiltelefon diese harten grausamen bilder weiter in den städten und in den dörfern in allen zentren der revolution kommt
es zu demonstrationen ausgelassener freude salven über salven
werden in die luft geballert das langanhaltende hupkonzert ist
ausdruck der glückseligkeit über das ende eines alptraums ein
riesiges kollektives fest

Aus dem Italienischen von Andreas Löhrer

Il Mondo (Die Welt), 1965

6,16

visto **colpo**

ce **di mano**

la pace

DA FARE

Ha «ca

I II

POLITICO ECONOMICO
E LETTERARIO

IN VENDITA

NDONATO vendicato

nello spazio e...

LLA CRISI

A CRISI IN

ingolare vicenda

BORSA

Nanni Balestrini
GEDICHTE

C 5

Im Lauf die dünne Kruste, den welligen Schatten
überquert, alles sagen, alles vorhergesehen, im Lauf die
Phanerogamen und die Polizisten, nötig ist der Tod, der
eine Verbannung ist, das Leben, das ein Augenblick
ist, überquert (die Spiele des Lichts vermeiden und das
Maximum an Beleuchtung vorziehen) nur die Gesichtszüge
bewahrt. Düster das zurückgeworfene Echo der
eingestürzten Mauer, vielmehr der ausgebluteten Mauer.

Aus dem Italienischen von Regine Wagenknecht

DIE HERRSCHENDE KLASSE

La mer schwarz-weiß es fasziniert sie, der Nation
größter edelster Teil der unglücklichste
sie zahlen nicht die Angst die Steuern des Orgasmus
um den Fachbetrieben zu erlauben bis

Mitte Juni die Menge an erwünschten Booten herzustellen
und der Gedanke des alles besitzenden und drohenden Vaters
der freie friedliche lautere Wettbewerb und
eine Abfolge von Begleitumständen trübe

und bitter und die sexuellen Interessen der Allgemeinheit
den wirtschaftlichen Interessen einer Minderheit
                         unterworfen und
böse die Tiere die das Vieh töten? Der Löwe
ist gut und schön – und eure schrecklichen

Krankheiten? Du stehst in der Sonne und das ist schön
und vergeblich versuchen sie einen alten Makel loszuwerden
indem sie die bösen Absichten mit guten Handlungen
wettmachen ein plötzliches Geräusch lässt sie
                         aufschrecken und

sie beklagen es wenn Amerika an den Grenzen zittert
aufgelöst das Nylonseil blutrot braucht es keine
klareren Beweise die Verwesung erweist sich
als ziemlich abstoßend und der Ausgang ist bekannt

Aus dem Italienischen von Andreas Löhrer

TAPE MARK I

Den Kopf auf die Schulter gedrückt, dreißig Mal
heller als die Sonne betrachte ich ihre Rückkehr,
bis er langsam die Finger bewegte und während die tausend
Dinge geschehen, auf dem Gipfel der Wolke,
kehren sie alle zu ihren Wurzeln zurück und nehmen
die wohlbekannte Form des Pilzes an und versuchen zu greifen.

Die Haare zwischen den Lippen kehren sie alle zu ihren
Wurzeln zurück, im gleißenden Feuerball
betrachte ich ihre Rückkehr, bis er langsam die Finger
bewegt, und obwohl die Dinge blühen,
nimmt sie die wohlbekannte Form des Pilzes an und versucht
zu greifen, während die tausend Dinge geschehen.

Im gleißenden Feuerball betrachte ich
ihre Rückkehr, als sie die Stratosphäre erreicht,
während die tausend Dinge geschehen, den Kopf
                    auf die Schulter
gedrückt, dreißig Mal heller als die Sonne,
kehren sie alle zu ihren Wurzeln zurück, die Haare
zwischen den Lippen, nehmen sie die wohlbekannte
                    Form des Pilzes an.

Sie lagen regungslos ohne zu sprechen, dreißig Mal
heller als die Sonne kehren sie alle
zu ihren Wurzeln zurück, den Kopf auf die Schulter gedrückt,
nehmen sie die wohlbekannte Form des Pilzes
                    an und versuchen
zu greifen, und obwohl die Dinge blühen,
breiten sie sich schnell aus, die Haare zwischen den Lippen.

Während die tausend Dinge geschehen im gleißenden
Feuerball, kehren sie alle zu ihren Wurzeln zurück,
sie breiten sich schnell aus, bis er langsam
die Finger bewegte, als sie die Stratosphäre erreichte,
und lag regungslos ohne zu sprechen, dreißig Mal
heller als die Sonne und versuchte zu greifen.

Ich betrachte ihre Rückkehr, bis er langsam die Finger
bewegte im gleißenden Feuerball,
kehren sie alle zu ihren Wurzeln zurück, die Haare
zwischen den Lippen und dreißig Mal heller als die Sonne,
lagen sie regungslos ohne zu sprechen, sie breiten sich
schnell aus und versuchen zu greifen den Gipfel.

Aus dem Italienischen von Andreas Löhrer

Litalia, 2011, Collage und Acryl auf Leinwand

AUF DIESE WEISE

Das sind die Knoten, dies die Narben,
die Kleider, die du trägst, die unverhoffte Jahreszeit
auf dem Asphalt, wo wir noch länger leben werden, jene Wolke,
die recht genau einer ausgekühlten Teekanne

gleicht, mit einem Gesicht als ginge es ihr schlecht,
blau wie das Restaurant oder die Ferne
obgleich es schon Neun ist; Vorbereitungen
fast wie Ultimaten, Mohnblumen tropfen herab

gläubig vor meinen Augen, hängen über das Dach
auf den Wipfeln gestutzter Pinien, doch
Täuschung der Schein, Verheißung für die Passanten,
die fast alle gegangen sind, sie nisten sich ein,

werden gebraucht, und das Boot das du nie
findest, aber nötig ist, damit wir irgend etwas
überqueren, wir beachten es nicht, und sehen
hin, wenn es doch keine Rettung gibt und durchmessen

noch immer ungewiss die Orte, wo
sich uns scharfumrissene Grenzen enthüllen …
Und dann muss sich der Himmel doch wandeln. So wie ich
unversehens das Thema wechseln könnte, und kaum einer

würde es gewahr, der Fall, der noch immer
stumpf die Nachmittagsstunden durchwühlt, und tief,
und die Steine, die unter deinem Rücken liegen oder die Flucht
verrotteter Substantive aus verwirrten Strukturen –

dennoch nicht Neues, Bimsstein
auf den Ellbogen, wenn kein Platz ist außer für einen von uns,
und kaum aus dem Hause, begegnet man sich,
begegnest du dir, wenn du verstanden hast, wie
                      ich auf dich warte.

Aus dem Italienischen von Paul-W. Wührl

ABER WIR

1.1.
nicht die Wiedergabe
mit den Augen der Sprache
auf welche Seite du dich auch stellst
nichts ist geschauspielert
eine unüberwindliche Kluft
ein Meer aus Zweideutigkeit
hinter der Buchseite
die Jahre des Sumpfes

nicht die Wiedergabe
in der Wortlandschaft
nach der Verwirrung der
es gibt keinen Platz mehr für sie
die Revolution ist kein
sie beklagen sich immer
während wir brennend vorübergehen
eine andere Restauration
die Negation einer Weise des Formens

mit den Augen der Sprache
nach der Verwirrung der
die Ablehnung der Geschichte
Ziele und Ideen
5.3.
ohne Spuren zu hinterlassen
7.3.
diese Art Montage
ist kein Gefühl

auf welche Seite du dich auch stellst
es gibt keinen Platz mehr für sie
Ziele und Ideen
in der Wortlandschaft
die Amnestie für die Faschisten
ihr Werk ist der Wiederaufbau
es ist keine Zeit mehr zu verlieren
ihr habt ihn nicht umgewandelt
mit anderen Worten

nichts ist geschauspielert
die Revolution ist kein
3.5.
die Amnestie für die Faschisten
5.5
die Aktion besteht im Vergleich zwischen
die Sprache der Sprache
hier fehlt eine Zeile
9.5.

eine unüberwindliche Kluft
sie beklagen sich immer
ohne Spuren zu hinterlassen
ihr Werk ist der Wiederaufbau
die Aktion besteht im Vergleich zwischen
die Ablehnung der Geschichte
überlagert ein anderes Bild
die Kunst der Ungeduld
das Wort als ein Gegenstand

ein Meer aus Zweideutigkeit
während wir brennend vorübergehen
3.7.
es ist keine Zeit mehr zu verlieren
die Sprache der Sprache
überlagert ein anderes Bild
7.7.
nach einem langen Schweigen
kommt eine Zeile, die länger ist als alle anderen

    hinter der Buchseite
    eine andere Restauration
    diese Art der Montage
    ihr habt ihn nicht umgewandelt
    hier fehlt eine Zeile
    die Kunst der Ungeduld
    nach einem langen Schweigen
    in der Wortlandschaft
    die Abtreibung des Widerstands

die Jahre des Sumpfes
die Negation einer Weise des Formens
ist kein Gefühl
mit anderen Worten
5.9.
das Wort als ein Gegenstand
kommt eine Zeile, die länger ist als alle anderen
die Abtreibung des Widerstands
die Ablehnung der Geschichte

Aus dem Italienischen von Annette Kopetzki

mit roten Maserungen und Pun
längs der Maserungen und purpurn an der Rüc
der punktierte Bereich ist ganz bedeckt mit
karmesinroter Farbe auf der Rückseite gebräunt

brige Flecken hat eine karmesinrote Rückseite
zinnoberrot zwischen den Lücken der Maseru
die Rückseite ist kastanienbraun rötlich bron
mit   kreisförmigen   Flecken   besprenkelt

roter Flaum formt unregelmäßige Zeichnu
it geringer Hervorhebung von Zinnoberrot
mit großem zinnoberrotem Kreuz im Zentrum
net die Kontur ist mit silbriggrauem Flaum bedeckt

rale Struktur ist leicht spiralförmig gedr
ängs der Äderungen ist er rot gesprenke
zwischen den Maserungen Purpur mit schillernden
der Äderungen sind in einem lebhaften Zinnoberrot

karmesinrot wie auch die größten Maserun
schmale rote Rand bedeckt mit ganz leichtem Fl
s ausgezackten Randes sind sternenförmig mit e
sa Maserungen in der zinnoberroten Farbe der Rückse

ie Maserungen sind von scharlachrotem Flaum übersä
ein silberfarbener Rand mit purpurnen Schattierunge
ig mit silbrigen Flecken zinnoberroten Pinselstr
außer längs der Maserungen ist er mit dichtem Flaum bede

die längliche Form ist etwas mehr beton
ein Büschel roten Flaums umgibt den Ansa
en in den Lücken der Maserungen zum Unterbau hin
fragmentierter kastanienbrauner Streifen längs des Ra

ndfarbe ist Purpur mit einer silbrigen Pat
der Rand ist ganz leicht ausgeza
Grundfarbe ist Purpur übersät mit silbrigen Flec
die Zwischenräume sind in einem abgetönten Silber

sehr intensiv in den Zwischenräu
und sind mit einem rauen Flaum bedeckt
lässt auch die rote Farbe auf der Rückseite durchschein
zum Rand hin und dunkler längs der Äderungen

längs der Maserungen auf der Rü
die karmesinroten Äderungen auf der Rückseite
n mit silberfarbenen-zinnoberroten Spritzern
und die Rückseite ist fast gänzlich purpurfarb

ist feuerro
sind leicht konkav und zeigen das schö
und hat einen gekerbten Rand mit Schatt
agmentierter brauner Streifen längs des Rand

der Form ro
auch die karmesinrote Farbe der Rückseite
r Mitte und am Rand in eher dunkler Far
die karmesinrote Farbe geht ins braune

rend die Rückseite der dunklen Flec
end ein zinnoberroter Rand alles einfasst
um silbrige Flecken längs der Maserun

ind rot gefasst mit einer Betonu
fläche von der Rückseite vollständig rot
samtig längs des Ran

mit rötlichen Maserungen auf der Oberfläche von der R
ist kräftig karmesinrot außer der Bereich um
und mit ausgezacktem Rand

ar mit schmalem purpurnen Rand längs der Kont
ot außer der Bereich mit ausgezacktem Ra
icht ausgeza

rsät mit roten Flecken und rosa an der Verbindung z
ein Schopf roter Haare am Ende wie auch in
ig kräftigro

klen leicht haarigen Flecken ähneln dene
oder sind einzeln mit roten Haaren übersät während

weniger gefurcht
eite ist gebräunt karmesinrot leicht haarig an der Schni
glänzend mit rötlichen Maserungen auf der Oberfläc

tiges Zinnobe
ote Maserungen und zinnoberrote Punkte in den Zwisc
rrlich rosafarben mit purpurrotem Reflex der
äftig karmes

Aus dem Italienischen von Andreas Löhrer

DER WEG DER EINHEIT

Heitere Bewegung von Touristen
acht Attentate
droht dem der den Terroristen hilft
ein Mädchen entführt
Fabrik mit MP-Salven gestürmt
baufällige Häuser ruinieren
Erdrutsche und Einstürze
des Klassenkampfs
die Pioniere der Irrenhäuser
gegen den Schmerz
versucht
Produktionsprämien
die Kultur als Seife
er versteht es wirklich
perfides Mädchen
perfides Schneewittchen
ist wohlgeboren
zahnlos
unter dem Unmut
der Intellektuellen in Italien
seine Saison
ist gut gelaufen
außergewöhnliches Ostern in Italien
das Europa der
hat kapituliert

Aus dem Italienischen von Andreas Löhrer

DER TELEPUTSCH

Aus dem Versteck erzählt
es klopft an die Tür
was werden sie tun
Emotionen
zur letzten Stunde
Boom
Helikopter wachen
über den Massen
die Studenten bereiten sich vor
noch ein Appell zur Vorsicht
eine weitere Woche der Kämpfe
die Rückkehr geschieht massenhaft
heitere Bewegung
es kommt zur großen Konfrontation
Auseinandersetzung mit der Polizei in einigen Städten
Protestdemonstrationen
die Massen drängen sich
den ganzen Tag über auf der Straße
die Demonstranten halten aus
heute Nacht kommt das Ende der Welt
die Preise steigen die Lira fällt
der Kampf um die Rettung
ist eine völlige Farce
wirklich Verantwortliche
gibt es nicht

Aus dem Italienischen von Andreas Löhrer

WAS?

Geräusche und Lichter
wir veröffentlichen etwas Entsetzliches
großer Tag
dann platzte der Skandal
warten auf das Derby
der Drogenhändler
weigert sich zu essen
es klopft
hätte gewinnen müssen
sich an die Gesellschaft anpassen
das Atom ist
das moralische Vitamin
das Opfer hat eine Panne
von Guerilleros entführt
eine bombige Nachricht
eine entsetzliche Explosion
Schüsse aus einer Feuerwaffe
fliegt in die Luft
und hängt sich im Gefängnis auf
mit Alkohol übergossen und in den Flammen gestorben
zu viel Missbrauch
notwendig der Einsatz
wo wann warum
mancher mag es schwarz
tödlicher Zusammenstoß

Aus dem Italienischen von Andreas Löhrer

GUTE VORZEICHEN

Alles bereit
es kommt zu wechselnden Aufheiterungen
der enttäuschten Eulen
von der Feder zum Pinsel
so viele Niemande
widerruft die Beschuldigungen nicht
gib mir das Geld oder ich bring dich um
versucht sich umzubringen
ein beschäftigter Italiener
zündet sich an
ein Betrunkener stirbt
das sind sie die er getötet
die Demokratie
so viele Niemande
ihr seid aber nicht aus Stahl
Literatur aus der Gosse
erster Frühlingstag
nach einer langen Nacht
sie blicken sich feindselig an
eine ganze Saison
der Markt noch unsicher
Auseinandersetzungen zwischen Extremisten
der Turm von Pisa vor dem Einsturz
das rebellische Video
im Dunkeln

Aus dem Italienischen von Andreas Löhrer

ANLEITUNG ZUM PRAKTISCHEN
GEBRAUCH VON FRÄULEIN RICHMOND

Wascht sie schuppt sie stopft in ihren Bauch
die Duftkräuter befestigt sie am Spieß
mit einem dünnen Draht oder einem feuchten Faden
grillt sie über glühender Reisigkohle

bestreut sie mit Rosmarin und Lorbeer
lasst sie eine Stunde lang ruhen damit
alle Gewürze in sie eindringen dann häutet sie
und säubert sie schneidet sie in große Stücke

steckt sie gut eingeölt auf den Spieß
und schneidet ihr ein paar Mal in die Haut
damit sie nicht aufplatzt lasst sie auf mittlerer Flamme
gar werden während ihr sie mit Salz bestreut

schneidet sie in kleine Würfel bringt sie zum Sieden
lasst sie unter fortwährendem Umrühren
unbedeckt 20 Minuten leise köcheln
seiht sie durch ein feines Sieb

gebt sie in einen Schmortopf den sie fast ganz
ausfüllt bedeckt sie mit kaltem Wasser und bringt sie
langsam zum Kochen nehmt sie vom Feuer
und lasst sie 10 Minuten in der Flüssigkeit ziehen

säubert sie würzt sie mit Salz und Pfeffer
taucht sie in Milch wendet sie in Mehl
bratet sie in Butter und in Öl an
bis sie von beiden Seiten goldbraun ist

weicht sie 24 Stunden in Milch ein
schwenkt sie mit Mehl bestäubt in einer Pfanne
voll rauchendem Öl frittiert sie
und lasst sie abtropfen wenn sie goldbraun und knusprig ist

schmelzt Butter in einer schweren Bratpfanne
und sautiert sie darin bis sie weich ist lasst
sie anbräunen ohne dass sie zu dunkel wird wenn sie
zu trocken wird gebt ein wenig Wein hinzu

bestreicht sie mit zerlassener Butter und legt sie
auf den vorgewärmten und eingeölten Bratrost
grillt sie 7 Minuten lang wendet sie
bestreicht sie mit mehr Butter und röstet sie

schneidet sie in gut einen Zentimeter
dicke Scheiben pfeffert sie und klopft sie
mit einem hölzernen Fleischklopfer lasst sie anbraten
bis sie oben und unten braun wird

breitet sie auf dem Hackbrett aus und klopft sie
flach bis sie 1 Zentimeter Dicke hat
rollt sie auf und bindet sie mit einem dicken Faden zusammen
lasst sie auf starker Flamme zugedeckt anbraten

schmort sie auf kleiner Flamme 45 bis 60 Minuten
sie ist gar wenn das Fleisch sich mit einer Gabel
leicht zerbröckeln lässt hebt sie mit Hilfe von Gaze
vorsichtig heraus löst den Faden und schneidet sie in Scheiben

stecht sie mehrmals mit einer dicken Ledernadel
oder mit den Zinken einer Gabel an
bringt sie dann langsam zum Kochen sie muss
weich bleiben und die Haut darf nicht aufreißen

klopft sie mit einem Stock aus Holz
gebt sie gesäubert gehäutet und ohne Blase
und Augen in einen großen Topf
und lasst sie zwei Stunden zugedeckt kochen

reibt sie mit einer feuchten Serviette ab
bindet sie zusammen gebt sie in einen großen Topf
bringt sie zum Sieden gießt sie ab spült sie ab
der Siedevorgang muss mehrmals sorgfältig wiederholt werden

entbeint sie vom Kopf bis zu den Schultern salzt sie
innen und näht sie sorgfältig wieder zu so
dass sie ihre Form zurückerhält bindet ihr
die Vorder- und die Hinterbeine zusammen

weidet sie aus häutet sie indem mit einem
Messerchen angefangen beim Schwanz die Haut am Rücken
entfernt und dann mit einem Ruck zurückgezogen wird
am Bauch wird die Haut nicht entfernt sondern abgeschabt

legt sie 12 Stunden in ein kaltes
Wasserbad das oft erneuert wird dann bringt sie zum Kochen
und gießt sie ab sobald sie weich ist dann
zieht ihr vorsichtig die Haut ab

legt sie in nicht zu heißes Wasser
nachdem ihr den After mit einem Stückchen
Korken oder anderem verschlossen habt kocht sie 15 Minuten lang
lasst sie abtropfen spaltet sie der Länge nach

legt sie mit dem Rücken nach unten auf ein
Hackbrett und schneidet sie in Längsrichtung
mit einem schweren Messer durch begießt sie
mit ein wenig zerlassener Butter und serviert sie heiß

richtet sie auf dem Hackbrett an macht einen Schnitt
zwischen den Hinterbeinen und dem After
stülpt ihr die Haut um und zieht sie nach oben
löst die Haut von den Vorderbeinen bis zum Kopf

befreit sie von Kopf und Innereien
schuppt sie öffnet ihren Bauch
legt die Eier von korallenroter Farbe beiseite
und nehmt die Rückengräte heraus wascht sie tupft sie trocken

haltet sie über die Flamme und kratzt sie
gut mit einer Messerklinge ab
um die Härchen zu entfernen macht einen Schnitt
in den Bauch und nehmt die Innereien heraus

säubert sie sehr gründlich und entfernt auch
die Lungen und Drüsen haltet sie über die Flamme
wascht sie tupft sie trocken steckt ihr in die natürliche
Öffnung Gewürzkräuter Salz und Pfeffer

reibt die inneren Hohlräume mit ein wenig
Salz und Pfeffer ein flambiert sie mit Cognac
schiebt sie in den Backofen lasst sie
etwa eine Stunde braten und begießt sie dabei häufig

säubert sie innen und außen bestreicht sie
innen mit geschmolzener Butter näht sie zu
umwickelt sie mit einer dünnen Scheibe Speck
und bratet sie etwa 1 Stunde im Backofen

säubert sie und füllt sie mit der Farce
bindet ihr die Beine zusammen näht ihre Öffnung zu
schiebt sie mit ein wenig Weißwein und Butter
in den Ofen serviert sie in einer heißen Pfanne

lasst sie 2 Tage in einer Marinade gut bedeckt
mit Roséwein ziehen und verschließt den Behälter
mit Alufolie kocht sie bei niedriger Ofenhitze bis
das Fleisch gar aber noch fest ist

legt sie auf ein Blatt Alufolie
in Herzform schneidet sie dreimal quer an
begießt sie mit Brandy verschließt die Alufolie
legt sie in einen Bräter und laßt sie etwa 1 Stunde im Ofen

nehmt sie aus dem Ofen begießt sie mit Zitronensaft
steckt ihr einen kleinen roten Apfel in den Mund
garniert die Ohren mit Petersiliebüscheln
und serviert sie auf einem Bett aus Kresse

Aus dem Italienischen von Annette Kopetzki

GELINGT ES FRÄULEIN RICHMOND DURCH DAS NADELÖHR EINES KAMELS ZU KOMMEN?

durch den absoluten ekel vor dem bürgertum
zu kommen ist so als fegte man
dort wo kein besen vorbeikommt
verschwindet der schmutz niemals von selbst

damals als sie mit den roten schuhen
oder mit denen die wehtaten
durch den absoluten ekel vor dem bürgertum
zu kommen ist so als fegte man

sie hat sich in diesen anderen balladen gesehen
oder diese anderen male beim versuch durchzukommen
damals als sie mit den roten schuhen
oder mit denen die wehtaten

sie schlug wie ein flügel auf ihre stirn
die langen augen erschienen schwärzer
sie hat sich in diesen anderen balladen gesehen
oder diese anderen male beim versuch durchzukommen

groß kam sie lachend zwischen den großen säulen
dunkel der schatten der schönen haare
sie schlug wie ein flügel auf ihre stirn
die langen augen erschienen schwärzer

d'annunzio und die römischen elegien
gedichte sind für die höhere klasse
groß kam sie lachend zwischen den großen säulen
dunkel der schatten der schönen haare

und es genießen diejenigen die lesen
gut gesättigt ausgestreckt auf dem diwan
d'annunzio und die römischen elegien
gedichte sind für die höhere klasse

verschiedene wechselfälle folgen darauf
aber am ende kommt alles in ordnung
und es genießen diejenigen die lesen
gut gesättigt ausgestreckt auf dem diwan

ein begabter junger mann trifft eine schöne frau
sie verlieben sich der ehemann schafft verwirrung
verschiedene wechselfälle folgen darauf
aber am ende kommt alles in ordnung

ohne aufregung läuft er auf den gipfeln gebräunt
mit dem den ausgebeuteten gestohlenen geld
ein begabter junger mann trifft eine schöne frau
sie verlieben sich der ehemann schafft verwirrung

so zu lesen ist sehr angenehm
ausgestreckt auf schiffen oder dem schnee
ohne aufregung läuft er auf den gipfeln gebräunt
mit dem den ausgebeuteten gestohlenen geld

und der klassenkampf wird schärfer
man gewahrt ihn den todfeind
so zu lesen ist sehr angenehm
ausgestreckt auf schiffen oder dem schnee

aber jetzt wird sie gewisser
die auflösung ihrer gesellschaft
und der klassenkampf wird schärfer
man gewahrt ihn den todfeind

und es wird ihnen klar dass sie das sind
dieser gealterte schmutz
aber jetzt wird sie gewisser
die auflösung ihrer gesellschaft

wer eine neue gesellschaft schaffen wird
das proletariat das den schmutz wegfegt
und es wird ihnen klar dass sie das sind
dieser gealterte schmutz

nur der hass zeigt den durchgang an
nur mit dem hass ist durchzukommen
wer eine neue gesellschaft schaffen wird
das proletariat das den schmutz wegfegt

nur der hass muss gelernt werden
nur mit dem hass kann weggefegt werden
nur der hass zeigt den durchgang an
nur mit dem hass ist durchzukommen

dort wo kein besen vorbeikommt
verschwindet der schmutz niemals von selbst
nur der hass muss gelernt werden
nur mit dem hass kann weggefegt werden

Aus dem Italienischen von Gerald Bisinger

FRÄULEIN RICHMOND HAT LANGSAM GENUG VON ALL DIESEN HUNDEN

Am Brunnen vor dem Tore da steht ein Hundebaum
Andalusischer Hund
Armer Hund kalter Hund
Bei dem Wetter schickt man keinen Hund auf die Straße
Besser einen Hund in der Hand als eine Katze in der Kötze
Bis zum letzten Hund
Da könnte ich genauso gut gegen den Hund reden
Da liegt der Hund begraben
Da wird der Hund in der Pfanne verrückt
Das ist der springende Hund
Das kannst du deinem Hund erzählen
Das nimmt ein Hundeende
Der Einzige und sein Hund
Der ewige Hund
Der ewige Hund
Der gestiefelte Hund
Der Hund als Erkenntnisproblem
Der Hund der Zeit Hundehütte
Der Hund geht so lange zum Brunnen bis er bricht
Der Hund hat immer Recht
Der Hund-an-sich Hundescheiße
Der letzte Hund
Der Mensch lebt nicht vom Hund allein
Der Satz vom Hund
Der Wille zum Hund
Die Auferstehung des Hundes
Die Hunde des Morgengrauens
Die Hundeflöte
Die Kritik des reinen Hundes
Die Metaphysik des Hundes
Die Unsterblichkeit des Hundes
Die Vorzüge der Windhunde
Du bist Hunds genug um das zu verstehen
Du nimmst mir den Hund aus dem Mund
Ein Hund ist ein Hund ist ein Hund
Ein Hund kommt selten allein

Ein Hund kommt selten allein
Einen Hund aus Stein
Einmal Hund immer Hund
Er hat einen Hund aus Eis
Er hat mich am Hund berührt mit seinem Hund
Er ist Hund aus Leidenschaft
Er ist wirklich ein Hund
Er redete mit ihr so offen wie ein Hund
Es hängt an der Wand und ist Hund
Es herrschte eine Hundestille
Es ist nicht alles Hund was glänzt
Es regnet Katzen und Hunde
Es zerbricht mir den Hund
Ficken wie ein Hund
Früh krümmt sich was ein Hund werden will
Gemahlener Hund
Getrockneter Hund
Herr und Hund ist aller Laster Anfang
Hund in Dosen
Hundefriedhof Mit dem Hund wedeln
Hundeführer Liebeshund
Hundehalter Ich fühle mich ganz Hund
Hundeknochen Die Welt ist Hund
Hundekuchen Hundszahn
Hundeleine Schmutzige Hunde
Hundemarke Er ist mir zu hundlich
Hundesteuer Ich fühle mich wie ein Hund
Hundsfott hundsgemein hundemüde hundeelend
Hundsgemein hundeklein Hundeklo hundefroh
Ich bring das Wort nicht über den Hund
Ich habe seit zwei Monaten keinen Hund angerührt
Ich hatte verlernt wie man mit einem Hund umgeht
Ich weiß nicht wo mir der Hund steht
In einem tiefen Hunde
Kommst du über den Hund kommst du über den Schwanz
Krummer Hund gefüllter Hund
Leg noch einen Hund aufs Feuer
Man muss dem Hund auf den Grund gehen
Man muss den Hund schmieden solange er heiß ist

Mir ist der Hund vergangen
Mit dem Hund nimmt es ein schlimmes Ende
Nachts sind alle Hunde grau
Neue Hunde kehren gut
Niemals geht man so Hund
Prostata ihr Hunde
Rote Hunde soll man küssen
Ruhe in Hund
Sag das noch mal wenn du ein Hund bist
Sansibar oder der letzte Hund
Schön wie ein Hund
Schöner Hund
Schuster bleib bei deinem Hund
Selig sind die da Hund sind
Sie öffnete ihm ihren ganzen Hund
Sitzend zur Rechten des Hundes
So nehmt denn meine Hunde und führe mich
Unser täglich Hund gib uns heute
Vier Hunde sehen mehr als zwei
Von einem Hund zum anderen
Wem Hund will rechte Gunst erweisen
Wenn es den Hund nicht gäbe müsste man ihn erfinden
Wer hat mein Hund so zerstört
Wer ohne Hund ist werfe den ersten Stein
Worte die zu Hunde gehen

Aus dem Italienischen von Peter O. Chotjewitz

DAS PUBLIKUM DER POESIE
(EPISCHER PROLOG)

hier bin ich wieder einmal
sitze vor dem publikum der poesie
das wohlwollend vor mir sitzt
mich ansieht und auf die poesie wartet

wie immer habe ich ihm nichts zu sagen
wie immer weiß das publikum der poesie dies ganz genau
gewiss erwartet es von mir kein episches gedicht
da es nichts dafür getan hat mich zu inspirieren

der antike epische poet war wie wir alle wissen
nämlich nicht für seine poesie verantwortlich
der eigentlich verantwortliche war sein publikum
denn es hatte ein direktes verhältnis

zu seinem poeten
der von seinem publikum abhängig war
seiner inspiration wegen
und seiner bezahlung wegen

seine poesie entwickelte sich also
gemäß den wünschen seines publikums
der poet war nur der individuelle interpret
einer kollektiven stimme die erzählte und beurteilte

das ist bei uns gewiss nicht der fall
ihr seid nicht deswegen heute hier in diesem saal
leider ist das was ihr hört nicht
euer epischer poet

und dies weil wie wir alle wissen
seit vielen jahrhunderten
zuerst die schrift
und danach der druck

mit einer mauer aus papier und blei
den produzenten getrennt haben
vom konsumenten der geschriebenen poesie
die sich so unweigerlich isoliert finden

und deshalb hat heute der moderne poet
kein publikum mehr von dem er abhängig ist
von dem er inspiriert und bezahlt wird
sondern nur ein anonymes und gelegentliches publikum

wie ihr hier vor mir
keine kollektive stimme mehr
die durch seine individuelle stimme
erzählt und beurteilt

sein verhältnis zum publikum hat jeden wert verloren so heißt es
es bleibt ihm nur das interesse sich zu konzentrieren
auf die probleme des einzelnen individuums
auf dessen besondere verhaltensweisen

der moderne poet ist selbstgenügsam
wird praktisch nie bezahlt
er äußert kein urteil
was für ihn zählt so heißt es

ist lediglich seine
imagination
sind seine bewussten
oder unbewussten obsessionen

denn für ihn existiert nur so heißt es
das individuum als einzelnes
ganz verschieden
und getrennt von den anderen

und so spricht der moderne poet
allein oder auch vor
dem publikum der poesie
einen individuellen dialog mit seiner poesie

er stellt sie sich natürlich als faszinierende frau vor
und möchte dass auch ihr sie euch so vorstellt
dass sie in diesem moment hier neben ihm sitzt
also neben mir und also folglich dort vor euch

Aus dem Italienischen von Andreas Löhrer

Mondo (Welt), 2011, Collage und Acryl auf Leinwand

KLEINER APPELL AN DAS PUBLIKUM DER KULTUR ODER POESIE ÜBER DIE BLEIERNE ZEIT UND DIE BESCHISSENEN JAHRE

hier sind wir wieder einmal
vor dem publikum der kultur
das wohlwollend vor uns sitzt
und wie immer poesie und wahrheit erwartet

im ernst ich weiß natürlich ganz genau
das publikum der kultur ist gewitzt
oberschlau und weiß was sache ist
ihm kann keiner etwas vormachen

es ist mit allen wassern gewaschen
es weiß dass literatur lüge ist
dass alle kühe schwarz sind
dass 2+2 fast nie vier ergibt

dass die gesellschaft des spektakels uns zersplittert hat
es ist ja nicht blöd ich musste nur den titel sagen
und es hat im nu sogleich begriffen
das kommen wird aus meinem Mund

ein alter und vertrauter klang wie
das gebrüll der massen und das getrappel der pferde
also wir wollen alles und der ganze kram
das ferne echo einer vergessenen oder begrabenen vergangenheit

deren spuren sorgfältig verwischt
ausgelöscht getilgt wurden von einem heer
von söldnern journalisten historikern fernsehleuten
üppig belohnt um die geschichte von einem land

umzuschreiben das bedroht ist von einer blutrünstigen horde
die die banken und kirchen niederbrennen
die kinder fressen und auf die alten spucken wollte
und auf die heiligen aus der resistenza
                            hervorgegangenen parteien

die sich nicht waschen und niemals arbeiten
schluss machen wollte mit den werten regeln ideologien
wie der strenge giorgiobocca anprangert
und auch die bosse an den eiern aufhängen

und der subversiven schandtaten mehr aber
laut der tendenziösen berichterstattung aus italien
waren die kräfte der ordnung und der zivilisation
schließlich überlegen und die üblen umstürzler

wurden allesamt in ketten gelegt oder erschossen
so lernen sie gegen uns zu protestieren erklärten
die siegreichen banditen des verfassungsspektrums
und so konnten sich die geliebten retter
                des bedrohten vaterlandes

ungestört damit beschäftigen es auszuplündern
die bemerkenswerteste plünderung aller zeiten
und aus dem notstand erblühte die neue
                yuppie-renaissance
die wunderbaren 8oer jahre von allen alberonis
                beweihräuchert

die beschissenen jahre erwecken die lästermäuler die jahre
der restauration des opportunismus des zynismus
mit viel kohle kokain fotomodellen für die die mitmachen
heroin oder muccioli für die die überhaupt nicht mitmachen

und tv-müll um uns allesamt zu verblöden
die kulturell leersten und ödesten jahre des jahrhunderts
in denen scharen proportional aufgestellter und
                bestens bezahlter
intellektueller kollaborateure uns die wunder

des vergänglichen und der postmoderne andrehten
eine schmalspurliteratur des reaktionären kitschs
die fistelstimmen des kläglichen denkens
und die geschichte die plopp gerade jetzt endet

wie sich unser nettes publikum der kultur wohl noch erinnert
ihr da die ihr dies alle ganz genau wusstet
und es ertragen habt wenn auch mit kaum
                              unterdrückter empörung
wobei ihr oft euer köpfchen geschüttelt und laut geseufzt habt

und ein wenig nein sehr viel in aller stille littet
in der stille eurer herzen und eurer hirne
aber sagen wir es jetzt ruhig jetzt da man es laut sagen kann
auch ihr konntet es nicht erwarten dass
                              sich die dinge änderten

vielleicht hofftet ihr mit ungezähmtem mut
dass dieser ganze schlamassel früher oder später vorbei wäre
wenn ihr auch nichts dazu beitragen konntet
egal ihr habt es euch fest und oft herbeigewünscht

doch das problem ist es jetzt nicht zu sehen was für
saubere hände ihr habt ihr müsst sie ja nicht hochheben wenn
ihr euch an sgarbi und pippobaudo erfreut habt
wenn berlusconi euer vorbild fürs leben gewesen ist

wenn ihr 63 oder 68 bereut habt
wenn ihr dachtet der kapitalismus sei eine tolle sache
die poesie sei ein wort für verliebte
und die revolution verändere die welt nur zum schlechten

und andere unerträgliche leichtigkeiten eures seins
dies ist nicht das jahr des terrors keiner denkt daran
euch wegen dieser lappalien den kopf oder die
                              hand abzuschneiden
das ist euer ding hände runter und keine angst

denn jetzt gibt es ganz anderes zu tun
jetzt da es vorbei ist mit der herrlichkeit
weil es nichts mehr zu plündern gibt
jetzt da alles von vorn begonnen werden muss

jetzt da auch die worte geplündert werden
und wir die wir uns um ihren erhalt kümmern
versuchen müssen den worten einen sinn zu verleihen
appellieren wir an euch komparsen und zuhörer

ihr für die wir im grunde all dies tun
jetzt wie in anderen finsteren zeiten
wo ein gespräch über bäume fast ein verbrechen ist
hört uns noch einmal zu mit nachsicht

Aus dem Italienischen von Andreas Löhrer

Giorgio Bocca (1920–2011), bedeutender Journalist mit Partisanen-
vergangenheit.

Francesco Alberoni (geb. 1929), Soziologe, Journalist und populärer
»Theoretiker der Liebe«.

Vincenzo Muccioli (1934–1995), umstrittener charismatischer Gründer von San Patrignano, dem größten italienischenDrogenentzugs-
projekt.

Vittorio Sgarbi (geb. 1952) ist Kunstkritiker, Talkshow-Polemiker und
Politiker.

Giuseppe Baudo (geb. 1936), Pippo Baudo genannt, ist einer der
bekanntesten italienischen Fernsehmoderatoren.

EXIL

Abschiebung
aktuelle Lage des Menschen oder
auf der Flucht sein
Ausbürgerung, Verfolgung
aus dem eigenen Land
aus dem Paradies vertrieben
aus der eigenen Heimat
aus einer Wohnung geworfen
außerhalb des Heimatlandes
ausgeschlossen von einem Ort
aus politischen Gründen
Ausschluss
Aussiedlung
Ausweisung
Auswandern
Auszug
Bann Verbannung Deportation
Babylonisches
bin froh des Banns, der über mich gekommen
Briefe aus dem
das aufgrund von Verbannung
das er verlassen hat
das Gegenteil von sesshaft
das Stück hat er
das traurige
der bürgerlichen Rechte beraubt
die Heimat verlassen
die Jahre seines
die Verurteilung zum
durch den Staat
eines Befehls der Obrigkeit
Emigration
emigrieren
entehrende Strafe
Entwurzelung
er hat das Leben verbracht im
er hat vielen Menschen

es ist für ihn ein hartes
Flucht ins
Flüchtling
fortjagen
freiwilliges
für immer aus der Heimat
gezwungen Schutz zu suchen
goldenes
Heimatvertriebener
ich fühle mich im
im Lande des
in der Fremde weilend
infolge einer Anordnung
infolge eines Verbrechens
ins Ausland absetzen
in seinem amerikanischen
jenseits der Grenze
Landesverweisung
langfristiger Aufenthalt
Leben und Sterben im
lebt in einem
mit dem Verbot zurückzukehren
mitten unter den Menschen
oder aus anderen Gründen
oder unerträglichen politischen Verhältnissen
öfter als die Schuhe die Länder wechselnd
Ort an dem er lebt
politischer Flüchtling
politischer Oppositioneller
politische Verfolgung
Rückkehr aus dem
Rückkehr verwehrt
Scherbengericht
Schwierigkeiten haben
sich durch Flucht retten
sich in diesen Zeichen positiv auszuwirken
sich weit weg niederlassen
sich wiederfinden im
sich zurückziehen

Strafe bestehend in der Überführung
übersiedeln ins
um Arbeit zu finden
um sich der Verfolgung zu entziehen
Umsiedlung
verbannt
Verbannungsort
verdammt
Verfolgung
verlassen wurde
verloren
Vertreibung aus dem Paradies
verurteilen zum
vom eigenen Boden vertrieben
von einem Ort verbannt
vorübergehendes und dauerhaftes
während seines
wegen begangener Straftaten
wegen seiner politischen Überzeugung
weit weg von der Heimat
weit weg von einem Menschen
Zwangsumsiedlung
Zufluchtsort
zumal in der Zeit des

Aus dem Italienischen von Andreas Löhrer

HOFFNUNGSBOTSCHAFTEN

jeden tag das gleiche
sie sprechen mit leiser stimme

welcher tag ist heute
sie sprechen mit müh und not

heute ist ein anderer tag
sie sprechen hastig

tag für tag
sie sprechen mit geschlossenem mund

das ist ein sehr schöner tag gewesen
sie sprechen nur um etwas zu sagen

der große tag ist gekommen
sie sprechen leise

das passiert nicht alle tage
sie sprechen in anspielungen

sie sehen es nur eine frage von tagen
sie sprechen unüberlegt

von diesem tag an wurden sie nicht mehr gesehen
sie führen selbstgespräche

von einem tag auf den anderen
sie sprechen seit jahren

sie schlagen sich tag für tag durch
sie sprechen nur weil sie sprechen können

in unseren tagen
sie sprechen in sich hinein

heutzutage
es gibt niemandem mit dem man sprechen kann

der tag wird kommen, an dem
alles spricht gegen sie

eines tages werden sie es wissen
sie sprechen unter vier augen

er lebt in den tag hinein
sie sprechen ganz offen

nicht alle tage sind gleich
sie sprechen gegen mauern

die tage werden kürzer
sie sprechen in den wind

es scheint zu tagen
sie sprechen einfach drauflos

wie viel zeit liegt zwischen tag und nacht
die fakten sprechen für sich

man sieht das tageslicht
sie sprechen über dieses und jenes

bei tageslicht besehen ist es klar
die stummen sprechen in zeichensprache

er wird in wenigen tagen kommen
sie gehen weg ohne zu sprechen

an einem der nächsten tage
werden sie alle gleichzeitig sprechen

Aus dem Italienischen von Annette Kopetzki

ELEKTRA

Hier spricht Elektra. Im Herzen der Finsternis. Unter der Sonne der Folter. An die Metropolen der Welt. Im Namen der Opfer. Ich stoße allen Samen aus, den ich empfangen habe. Ich verwandle die Milch meiner Brüste in tödliches Gift. Ich nehme die Welt zurück, die ich geboren habe. Ich ersticke die Welt, die ich geboren habe, zwischen meinen Schenkeln. Ich begrabe sie in meiner Scham. Nieder mit dem Glück der Unterwerfung. Es lebe der Hass, die Verachtung, der Aufstand, der Tod. Wenn sie mit Fleischermessern durch eure Schlafzimmer geht, werdet ihr die Wahrheit wissen.

Heiner Müller, Die Hamletmaschine, 1977

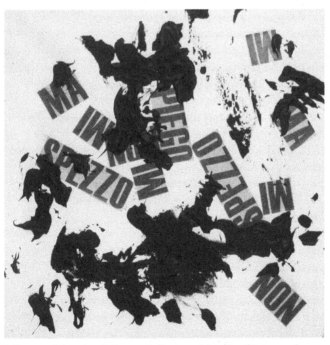

Mispezzo (Ichzerbreche), 2011, Collage und Acryl auf Leinwand

Nanni Balestrini
ELEKTRA-CHÖRE
für Heiner Müller

1
hier spricht Elektra
ihre wogenden Stimmen
Fleisch und Blut die das Meer
rot färben und Geschichte schreiben
treffen Herz Magen Hirn
die sanft unbewusste Verführung
dessen der in einer seltsamen Gegenwart lebt
ohne sich scheinbar zu viele Fragen zu stellen
auch wenn dann sein Verhältnis zum Leben
eigen erscheint kontinuierlich aber nicht entschieden
eine vielleicht extreme Art zu leben
mit seiner Fragilität mit dieser ruhelosen
Unordnung die der Reiz ist
es ist all das zusammen mit so viel anderem
ist eine schöne aufregende Partie
aus kleinen und profunden Ausrutschern
des Gefühls das die Körper tanzen läßt
sie durchdringt mit Tick Neurose Zartheit
das die Körper offenlegt wie sie gemacht sind
die nicht wissen wie sie ihr Verlangen nicht verlieren
sie sich bewegen lässt atmen vor allem
in ihrer Verschiedenheit für viele unverantwortlich
was der Versuch ist den Ausgleich zu finden
zwischen einem Alltag und jenen Träumen von Freiheit
zu leben in aller Fülle auch wenn man sich schadet
Fleisch und Blut aussetzend auch
dem unbekannten Ausmaß der Krankheit
der Todesangst ohne zu urteilen
ein intensives Spiel mit verwobenen Metaphern
wie der nichtendende Schussfaden eines Teppichs
ein ausgedehntes Gedächtnis die grellen Farben
eine Bildergeschichte in der die Erzählebene sich auflöst
auf Doppeldeutigkeit setzt und nie auf Gewissheit
auf die Verlockung zur Multiplikation auf die Versuchung

den unendlichen Reflex der Spiegel einzufangen
der die Existenz ist über diesem mächtigen Geflecht
aus geweitetem Traum und das geweitete Auge
auf die Gegenwart scharfer Beobachter einer Realität
dem es gelingt ihre Vielschichtigkeit einzufangen
unter der Sonne der Folter

2

ich bin Elektra
ihre geweiteten Stimmen
in den Tagen da wenig geschieht
nur Ausrutscher der Seele
und Suche nach einem Bewusstsein
den Ausgleich zu finden mit den eigenen tiefen Wurzeln
mit einer lebensnotwendigen Dualität
da ist etwas das schmerzt zu zeigen wie sehr
diese Unfähigkeit in der Konfusion
jedoch ein Antrieb sein kann zu wachsen
sie ist der einzige Nährboden sich nicht zu versperren
vor einer Zukunft geistiger Fülle in einer Situation
in der es einfacher ist zu verdrängen oder zu vergessen
sie gibt keine Erklärungen sie registriert zeigt auf
ist gleichsam ein Tagebuch mit Notizen
die allein schon oder gerade weil so beschaffen
zwingen nachzudenken sich zu befragen
eine geistige Geografie zu rekonstruieren
eine physische außerdem in ihr langsam zu beginnen
die Kraft für Antworten zu finden
die Orte wiederzugewinnen sie wiederzubeleben
sie in anderer Weise zu nutzen
sich verführen zu lassen von dem ungestümen Zauber
eines Gelebten das die besten Kräfte
einer Generation bündelt das vielleicht eine Epoche ist
ein geistiger Zustand das leuchtende Beispiel
der Fähigkeit bis auf den Grund zu gehen
sich nicht zu schonen den Aufstand zu schreiben
mit dem Körper mit den Gefühlen gegenüber dem
Existierenden nicht umsonst zu sterben destillierend
eine Politik des Daseins die dem Kompromiss

der Heuchelei vom Gleichgewicht
der Theorie des Wechsels
ein Leben vorgezogen hat das schneidet
die anregendste Beziehung besteht gerade
in diesem Fliehen und Zurückkehren
in der Verweigerung die ein Sichverlieben ist
etwas was erkennbar sein könnte
aber noch vollständig zu entdecken ist
im Herzen der Finsternis

3

das Warten Elektras
ihre schneidenden Stimmen
eine tiefe Anmut die bezaubert
die nie Manier wird
aber ganz langsam in eine komplexe Welt führt
die Kreuzwege wiederherstellend
die Voraussetzungen umkehrend und vor allem sich
der sexuellen Identität und dem Verlangen stellend
mit der Leichtigkeit einer Entweihung
vielleicht liegt hier der Ursprung jener Ablösung
von einem Verlangen nach Wahrheit
                    die man potentiell erahnt
und das doch die Kraft der Sprache so oft unterdrückt
oder dem mit der Energie
der Unmittelbarkeit das Alibi des Gefühls standhält
Raum gebend einem Alltäglichen
das weder schrecklich ist noch phantastisch
sondern einfach existiert unvermeidlich abläuft
und wie auch immer gelebt wird
mit allem was es mit sich bringt
und doch in jener allzu kostbaren
und avancierten Dimension
die Rebellion darstellt
die Energie um die Regeln
und engen elenden sozialen Verhältnisse zu überwinden
die Herausforderung liegt in den empfindlichen Gelenken
mit denen die Bruchstücke Gestalt annehmen
in den ersten sich bildenden Formationen

von Augen Mund Traurigkeiten und
überraschenden Lichtern
die sie spenden wahr einzigartig
schon weit ausgestrahlt
die Freude und die Körperlichkeit der Welt
und gerade dieses Verlangen die Welt
neu zu schreiben und sie nicht einfach zu erzählen
das Doppelspiel und den Traum den Zufall und
die möglichen Leben
das war doch Freude Lust hinauszugehen
noch ein wenig von jenem freudigen Geschmack
der früheren Jahre
dann definitiv und nicht zufällig vernichtet
wie und warum ist leicht zu verstehen
unter der Sonne der Folter

Aus dem Italienischen von Annette Kopetzki

5

die Flucht Elektras
ihre schwebenden Stimmen
das Verlangen nach einer neuen Freiheit
nach einer unreglementierten Lebensweise
störend also die pulsierende Energie
die Schranken jeglicher Art niederreißt
die einen löst
große Brüche in der Vorstellungswelt
beziehungsweise in der Art und Weise in den Mitteln
mit der sich die Vorstellung auf die Wirklichkeit bezieht
die Stimmen wollen sie erzählen
bald aber wird ihnen bewusst
dass es keine Wahrheit gibt
dass auch sie wie andere sie in etwas eingesperrt haben
was nicht zu ihr gehört
was jemand auf einem Bildschirm beobachtet
manchmal in die Wirklichkeit anderer eindringend
fast als ob diese daraus entsprünge
voraussehbare beruhigende Antworten
wo es nur scharfe Fragen gibt

kurz und gut ein intensiver und offener Verlauf
und eine gute Gelegenheit um jenen
unruhigen und vitalen Teil zu sehen
den gestrichenen und marginalisierten
vielleicht weil er gerade wie seine Subjekte
gelöstes und störendes Element
argwöhnisch betrachtet wird
vielleicht sind sie weil sie diese Gegenwart bestimmen
deren exponierteste und sichtbarste Körper
die die deren Möglichkeiten Kultur und Utopien
neu begründen sollen
da ist die ganze Angst vor dem Wachsen
das Geheimnisvolle beim Übergehen in
       eine unbekannte Dimension
in der man eine eingebildete Unschuld verliert
aber vor allem eine Bewegungsfreiheit
die Möglichkeit klar dagegen zu sein
bei dem gesellschaftlichen Mechanismus
der einen stattdessen integrieren will
daher die Flucht die Herausforderung wird
unter der Sonne der Folter

7

Elektras Ferne
ihre verzerrten Stimmen
wie schafft man es sich selbst zu erzählen
wenn man in die Vorstellungswelt dessen
       eingegangen ist der zuhört
wie schafft man es von heute zu sprechen
wenn die Augen die einen verschlingen einen gestern sehen
während man vielleicht schon anderswo ist
in anderen Widersprüchen in anderen Schwächen
die man sich jedoch nicht leisten kann zu zeigen
dieses Empfinden einer Generation die
       einer anderen begegnet
in ihrem Teil der etwas von ihr aufnehmen will gewollt hat
die sie im Grunde liebt denn ansonsten wäre
       sie nicht so wie sie ist
dreißig Jahre später wie schafft man es noch zu sprechen

ohne in das schon Gesagte zu verfallen ohne den ersten
der unvermeidlich verdreht verfremdet stört
eine Art zu überleben
gewappnet gegen die Wirklichkeit herauszukommen
was man in dieser Generation gänzlich verspielt hat
und die Revolution hat sie mit Leib und Seele verkörpert
und mit der Zeit hat sie ohne Nostalgie
                    versucht sie zu erzählen
jedesmal von einem anderen schrägen Blickwinkel aus
die Gefühle die inneren Narben
eine Generation die sich fehl am Platz fühlt
während sie dahinschleicht
auf den Straßen einer seltsam stillen
                    und menschenleeren Stadt
auf den Straßen einer von der Spekulation
                    zerstörten Peripherie
mit Schlagermusik im Hintergrund
der Selbstmord die Besessenheit dieser
                    letzten Jahre des Jahrtausends
ist hier mehr ein Verschwinden als ein Teil von einem selbst
der zu einer Geschichte passt
wenn man sich nicht dazu fähig fühlt präsent zu sein
und nicht etwas Falsches werden will
eine Karikatur eine Niederlage
eine Art Denkmal seiner selbst
aber für den der sich dem Leben immer bis
                    zum Äußersten gestellt hat
gilt die außergewöhnliche süße Freude
                    dieser Herausforderung
die leben und sich dabei weiter messen heißt
mit der eigenen Zeit mit der Bereitschaft die
                    nicht zur Lektion wird
und mit der Begeisterung eines fortwährenden Entdeckens
unter der Sonne der Folter

Aus dem Italienischen von Reinhard Sauer

Reinhard Sauer

ZUR BERLINER AUFFÜHRUNG VON
NANNI BALESTRINIS ELEKTRA

Nanni Balestrinis *Elektra* ist als *work in progress* gedacht und besteht aus bisher acht Chören. Fünf davon wurden erstmals im Dezember 2000 in Tokio aufgeführt. Heute Abend dagegen kommen die ersten beiden Chöre und der fünfte Chor zur Aufführung.

Balestrinis *Elektra* bezieht sich direkt auf den Monolog der Ophelia im fünften Bild von Heiner Müllers *Hamletmaschine*. »Hier spricht Elektra«, hebt Ophelia dort an, und so beginnt auch der erste Chor bei Balestrini. »Im Herzen der Finsternis. Unter der Sonne der Folter« geht es bei Müller – auf Artaud, Sartre, Hölderlin und Conrad anspielend – weiter und wird seinerseits bei Balestrini wieder zum Zitat, mit dem die Chöre abschließen. Dazwischen, sozusagen in der Leerstelle zwischen den Sätzen, fügt sich der neue Text ein.

Für die experimentelle Moderne typische literarische und künstlerische Verfahren und Techniken sind charakteristisch für die gesamte Produktion des Dichters, Schriftstellers und bildenden Künstlers Nanni Balestrini seit seinen Anfängen mit der italienischen Neo-Avantgarde in den 60er Jahren als Mitbegründer bzw. *Spiritus rector* oder *general manager* der Gruppe 63, wie ihn der Kritiker Renato Barilli nennt, selbst Mitglied der Gruppe 63, die sich mit ihrem Namen auf die westdeutsche Gruppe 47 bezog.

In einem Italien, das sich Ende der 50er, Anfang der 60er Jahre rasant aus einem vorwiegend agrarischen Land in eine moderne Industriegesellschaft verwandelte, wollte die Gruppe 63 den in den 1920er Jahren unterbrochenen Faden der Moderne, der literarischen und künstlerischen Avantgarde wieder aufnehmen und weiterspinnen. Wenn modern sein bedeutet, absolut auf der Höhe der Zeit sein, dann hieß das für die Gruppe 63 vielleicht auch, wie Balestrini einmal anmerkte, dass diese angesichts der historischen Moderne als zeitlich quasi zweite Moderne substantiell bereits schon eine Postmoderne war, bevor es diesen Begriff überhaupt gab. Ganz nebenbei: Balestrini war einer der Ersten, wenn nicht gar der

Erste überhaupt, der – anno 1961 – mit Hilfe eines Computers elektronische Lyrik generierte.

Wie auch immer, Kunst und Literatur sollten sich anderen Genres, neuen Techniken und Kommunikationsmitteln, vor allem aber auch den gesellschaftlichen Veränderungen gegenüber öffnen. »Das offene Kunstwerk« des Gruppenmitbegründers Umberto Eco stand programmatisch auch dafür. Gegen den provinziellen Geist der damals vorherrschenden italienischen Kultur streitend, reihte sich die Gruppe 63 in die internationale Avantgarde mit all ihren vielfältigen Ausprägungen ein, wie Fluxus, Neo-Dada, experimentelle Literatur, Nouveau Roman, Lettrismus, Konkrete Poesie etc.

»Sie war schlagartig da, diese ›Neo-Avantgarde‹, bemächtigte sich der Künstler wie eine Epidemie, irritierte das Publikum und war den Medien immerhin ein paar affektierte Schlagzeilen und Skandalmeldungen wert«, schreibt der Schriftsteller Peter O. Chotjewitz, der Anfang der 70er Balestrinis zweiten und international wohl bekanntesten Roman, *Vogliamo tutto*, ins Deutsche übersetzt hat: *Wir wollen alles.*

Und somit wären wir wieder bei *Elektra*, geht es da doch um die italienischen 70er Jahre, eben die Jahre von *Wir wollen alles* und *Die Unsichtbaren* – Titel eines weiteren experimentellen Romans von Balestrini über die politischen und sozialen Experimente des Aufstands und der Revolte, über den Versuch der Befreiung und die Erfahrung des Scheiterns – kurz, um nochmals mit einem Buchtitel Balestrinis zu sprechen, um *Die Goldene Horde*. Diese gemeinsam mit Primo Moroni verfasste Chronik der sozialen Kämpfe reicht von 68/69 über die Bewegung von 77 bis zur staatlichen Repressionswelle von 79.

Nun ist es Elektra, halb Engel der Geschichte, halb antike Schwester der Balestrinischen *Signorina Richmond*, deren aus- und verharrender Blick rückwärts gewandt ist und die Vergangenes besingt. Lyrik wird hier wieder zu dem, wofür sie bei den alten Griechen einmal stand – von Musik begleiteter Chorgesang als Ausdruck kollektiver Erfahrung und Reflexion, Ursprung aller epischen Dichtung. Die phasenverschobene und schnittweise Verdopplung des Textes durchbricht allerdings die lineare Darstellung der subversiven Gemütsregung, dabei wird die Stimme Elektras, hier die der Sopranistin Catharina Kroeger, von Balestrinis Stimme in einer Art von *basso continuo* begleitet. Dazu setzt der Musiker Luigi Cinque seine Klangbilder, und der Videokünstler Giacomo Verde überblendet alles mit seinen Projektionen.

Der kalt beobachtende, objektivierende Blick von außen fasst – einer heutigen Filmrezension gleich – den subjektiven Faktor und friert ihn quasi ein. Dies verheißt auch dessen späteres Auftauen: »… und gerade dies Verlangen die Welt / neu zu schreiben und sie nicht einfach zu erzählen / das Doppelspiel und den Traum den Zufall und die möglichen Leben«. So heißt es im dritten Chor. Oder, um mit Benjamin zu fragen: Ist diese weibliche Figur Elektra »nicht in Stimmen, denen wir unser Ohr schenken, ein Echo von nun verstummten? Haben die Frauen, die wir umwerben, nicht Schwestern, die sie nicht mehr gekannt haben? Ist dem so, dann besteht eine geheime Verabredung zwischen den gewesenen Geschlechtern und unserem.«

Elettra. Opera in poesia di Nanni Balestrini. Musica di Luigi Cinque.
Mit Nanni Balestrini (Sprecher), Katharina Kröger (Sopran), Luigi Cinque (Electr.) und Live-Videoprojektionen von Giacomo Verde. Einführung: Reinhard Sauer.

21. Februar 2006 im Maschinenhaus auf dem Gelände der Kulturbrauerei, Knaackstr. 97, Berlin-Prenzlauer Berg.

Eine Veranstaltung des Italienischen Kulturinstituts Berlin in Zusammenarbeit mit der Literaturwerkstatt Berlin

EMPTY CAGE

1

vieles gibt es und viele dinge die zusammen sein können
ohne zu wissen was das ergebnis sein wird
jede wiederholung muss eine völlig
neue erfahrung hervorrufen
die ganze welt bewohnen
nicht getrennte bruchstücke der welt
jeder von uns ist der mittelpunkt der welt ohne ein ich zu sein
die welt ist nicht sie wird sie bewegt sich sie verändert sich

2

ich habe keine ahnung wie das alles geschieht
jegliche sache verursacht jede andere sache
wir glauben nicht an die menschliche natur
es gibt zwei arten vom berg zu steigen
umstände bestimmen unsere handlungen
die andere art ist runterzurutschen
nachdem man den gipfel erreicht hat

3

stellen wir uns eine straße mit vielen leuten vor
eine stille voller geräusche
jeder von uns ist der mittelpunkt der welt ohne ein ich zu sein
das was zählt ist das was geschieht
ohne zu wissen was das ergebnis sein wird
das ist die art sich für die abwesenheit von willen zu öffnen

4

wir glauben nicht an die menschliche natur
das nichts ist in allen dingen also auch in mir
das was zählt ist das was geschieht
die wirkliche welt ist kein gegenstand sie ist ein prozess
etwas das geschieht etwas unerwartetes unwesentliches
es gibt zwei arten vom berg zu steigen

5

eine art ist es abzustürzen wenn ihr ihn gerade besteigt
sklaven der handlung und der logik bleibend
die bedeutung ist der gebrauch
das gefühl ist in jedem von uns
nicht in den äußeren ursachen
der gebrauch sichert die nichtordnung die freiheit
die möglichkeit jegliche sache geschehen zu sehen

6

man muss von hier weggehen
die ganze welt bewohnen
nicht getrennte bruchstücke der welt
die wirkliche welt ist kein gegenstand sie ist ein prozess
jegliche sache verursacht jede andere sache
die dinge müssen in uns eingehen
der augenblick ist immer eine wiedergeburt

7

die dinge kommen und gehen
jede wiederholung muss eine völlig
neue erfahrung hervorrufen
es ist vor allem eine frage der veränderung
die unbestimmtheit ist der sprung
in nichtlinearität und überfluss
das was geschieht passiert überall und gleichzeitig
wenn alles bereits kommuniziert
warum dann kommunizieren wollen

8

damit alles geschehen kann
aber im gespräch wird nichts erzwungen
ich will nicht nur keine macht sondern sie auch zerstören
prinzipien und regierungen fördern das vergessen
man muss von hier weggehen
wir sind immer ungeduldig und werden immer gieriger

9

vieles gibt es und viele dinge die zusammen sein können
struktur und material können verbunden sein
oder entgegengesetzt
was mich interessiert sind nicht regeln
sondern die tatsache dass regeln sich ändern
die welt ist nicht sie wird sie bewegt sich sie verändert sich
die alten strukturen der macht und
des profits liegen im sterben
eine art ist es abzustürzen wenn ihr ihn gerade besteigt

10

das nichts ist in allen dingen also auch in mir
eine stille voller geräusche
etwas das geschieht etwas unerwartetes unwesentliches
begegnungen zwischen heterogenen elementen
die ohne jegliche beziehung bleiben
alle zusammen und gleichzeitig angehäuft
ein spiel ohne zweck die abwesenheit des ziels

11

es ist die gleichheit des verhaltens gegenüber allen dingen
aufzubauen also zu vereinigen was verschollen liegt
stellen wir uns eine straße mit vielen leuten vor
es ist ein werk über ein werk
wie alle meine unbestimmten werke
ich habe nichts zu sagen
kommunizieren heißt immer erzwingen

12

aber im gespräch wird nichts erzwungen
jeder ist frei seine gefühle auszuleben
die gleichheit der gefühle gegenüber allen dingen
den dingen die freiheit lassen das zu sein was sie sind
die dinge müssen in uns eingehen
der augenblick ist immer eine wiedergeburt

13

struktur und material können verbunden sein
oder entgegengesetzt
alle zusammen und gleichzeitig angehäuft
ihre linearität zerschmettern
damit alles geschehen kann
was mich interessiert sind nicht regeln
sondern die tatsache dass regeln sich ändern
es ist vor allem eine frage der veränderung

14

aufzubauen also zu vereinigen was verschollen liegt
ohne zu wissen was das ergebnis sein wird
die andere art ist runterzurutschen
nachdem man den gipfel erreicht hat
eine atmosphäre die reich ist an freude und verstörung
die alten strukturen der macht und
des profits liegen im sterben
das dogma der produktivität und des
profits muss beseitigt werden

15

ihre linearität zerschmettert
den dingen die freiheit lassen das zu sein was sie sind
tyrannei und gewalt sind auf seiten der linearität
kommunizieren heißt immer erzwingen
und sklaven von handlung und logik zu bleiben
prinzipien und regierungen fördern das vergessen

16

ich will nicht nur keine macht sondern sie auch zerstören
das dogma der produktivität und des
profits muss beseitigt werden
die ausgrenzungen die radikalen alternativen
zwischen gegensätzen zurückweisen
sich dabei bemühen den höchsten grad
an unordnung hervorzurufen
eine atmosphäre die reich ist an freude und verstörung
wir sind immer ungeduldig und werden immer gieriger

17

tyrannei und gewalt sind auf seiten der linearität
die unbestimmtheit ist der sprung in nichtlinearität und überfluss
die möglichkeiten nicht unterdrücken sondern vervielfachen
das ist die art sich für die abwesenheit von willen zu öffnen
die dinge kommen und gehen
umstände bedingen unsere handlungen

18

ich versuche niemals etwas abzulehnen
das was geschieht passiert überall und gleichzeitig
sich dabei bemühen den höchsten grad
an unordnung hervorzurufen
der gebrauch sichert die nichtordnung die freiheit
jeder ist frei seine gefühle auszuleben
das gefühl ist in jedem von uns nicht in den äußeren ursachen

19

begegnungen zwischen heterogenen elementen
die ohne jegliche beziehung bleiben
ich versuche niemals etwas abzulehnen
die ausgrenzungen die radikalen alternativen
zwischen gegensätzen zurückweisen
die möglichkeiten nicht unterdrücken sondern vervielfachen
die möglichkeit jegliche sache geschehen zu sehen
die gleichheit der gefühle gegenüber allen dingen

20

es ist ein werk über ein werk wie alle meine unbestimmten werke
ein spiel ohne zweck die abwesenheit des ziels
ich habe keine ahnung wie das alles geschieht
ich habe nichts zu sagen
wenn alles bereits kommuniziert
warum dann kommunizieren wollen
die bedeutung ist der gebrauch

*Nachdichtung: Bert Papenfuß in
Zusammenarbeit mit Antonello Piana
nach einer Interlinearübersetzung von Annette Kopetzki*

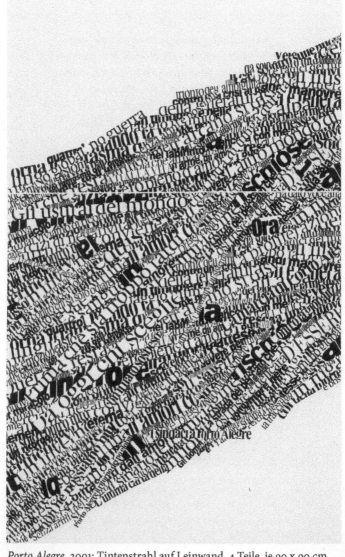

Porto Alegre, 2001; Tintenstrahl auf Leinwand, 4 Teile, je 90 x 90 cm

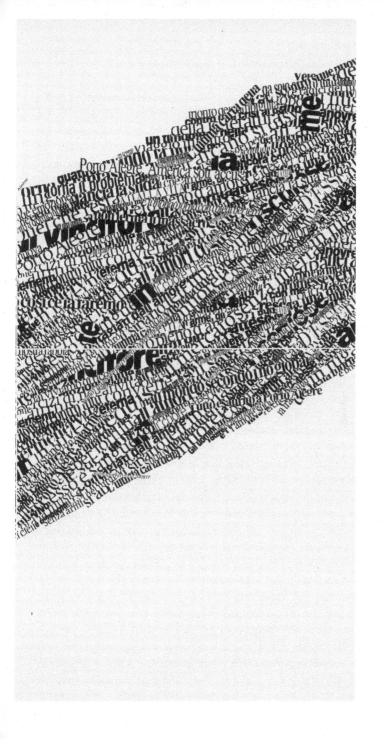

BEWEGTEN SIE SICH SANFT IM TANZ

leer der hafen ohne seine bunte menge leer offenbar auch die
vor anker liegenden großen boote des matarazzo der agnellis
der marzottos der feltrinellis der pignatellis leer die villen im
grünen mit den heruntergelassenen rollläden sie bewachten mit
ihren lockenwicklern die perücken die mit den damen und auch
den herren mitkamen und jetzt in den badezimmern in den
schlafzimmern in den wohnzimmern in den vorzimmern liegen
nur drei intellektuelle die wallenden langhaartoupets locker auf
den schultern bewegten sie sich sanft im tanz sofia casati lässig
in goldenem und cremefarbenem brokat es handelt sich um ein
bauernhaus genauer gesagt um zwei bauernhäuser die man zum
restaurant und nachtklub gemacht hat und die berge klingen
noch an gewiss aber berge die man ans meer verpflanzt hat eine
reife selvaggia borromeo pucci engtailliert sechshundert personen vielleicht auch mehr aus rom aus der toskana von den inseln
und aus dem norden hatten sich der üblichen bevölkerung des
neuen portofino hinzugesellt der smart set wird hier von bernhard der niederlande und jacqueline kennedy repräsentiert

hier wissen die mädchen dass sie den richtigen mann oder
freund finden können und daher sorgen sie sich nur darum
schön zu sein hier in porto ercole amüsiert man sich mit einer
gewissen ernsthaftigkeit hier kennt man die primitiven verrücktheiten des kinos nicht denn das kino ist charlie chaplin
der nur die sündhaft teure ruhe des hotel il pellicano will was
die männer betrifft so hatte sich carlo caracciolo in baumwolle
gehüllt annibale scotti war ein anonymer playboy aus den 30ern
ebenso die elegantesten amüsantesten schönsten damen eine
kette etwas metall hier und da bei vielen das neue barocke
leuchtende natürliche make-up von eve of roma ernster die
männer von fast spanischer eleganz vielleicht wegen der spanischen festung die die bucht überragt hemd mit sangallo-spitze
dunkle hosen dachte man an die köpfe der damen unter den
toupets die anders waren diese aber von diesen geschmückt
wurden konnte man sich vorstellen dass es nicht nur ein fest war
sondern zwei das zweite das der sizilianerinnen kalabrierinnen

spanierinnen chinesinnen die diese haare hatten die dann bei den friseuren landeten

nicoletta rangoni machiavelli in rot nanni balestrini mit jabot und backenbart schwieg wie immer marta marzotto mit einem langen perfekt modellierten ausgebleichten orangefarbenen kleid marella agnelli in einem negligé mit hose das aber ein modell war und viele andere lorenza stucchi de' medici in strengem gelb mit reißverschluss die zwei kleinen chaplins in den kleidern der schwester geraldine in jeder villa wartete man darauf sich umzuziehen für das fest von marco und lorenzo bucci casari und ihren adretten ehefrauen im king's dem neuen lokal das ascanio palchetti aus cortina in cala galera eröffnet hat einige waren beim friseur diesem giorgio der sowohl für sein geschick als auch für seine schönheit bekannt war einige im bett die maske auf den augen und die creme im gesicht oder in schlaf versunken nachmittags sah porto ercole leer aus das lokal von palchetti dem gründer des verocai und des king's aus cortina ist noch nicht fertig aber man ahnt bereits wie es sein wird die kleider waren lang und weit wie man sie in diesem jahr trug

wenige pyjamas die inzwischen out sind viele miniröcke und löcher auf der brust auf dem bauch und auf dem rücken gaea pallavicini in einem groben durchlöcherten pyjama alles ein einziges loch mit echter rose samt stiel fabio mauri in porto-ercole-uniform hemd mit spitze und blauem leinen er gab sich dem tanz und dem kalauer hin elisa maraini in gelben und rosa streifen mit ihren eigenen haaren und dann carroll baker nicht wiederzuerkennen klein und pummelig eine kaskade von perlen vor diesem prächtigen glücklichen tyrrhenischen meer also es gibt einen kamin aber auch ein fischernetz von zehn uhr abends bis sechs uhr morgens haben sechshundert per-sonen geplaudert geflirtet getanzt getrennte paare haben sich wie alte bekannte wieder zusammengefunden geeinte paare haben sich vielleicht getrennt ceruti aus mailand hatte sich als ausgemusterter vollblutindianer verkleidet ganz tabakfarben carlo coris aus bosniasco prahlte mit seiner fehlenden krawatte caroline luciolli ottieri in einem tadellosen roten smoking mit vier schlitzen da waren schöne frauen ganz junge weniger junge nicht mehr junge da war krach aber kein durcheinander in der ferienanlage der bucci casari etwas im stil der schicken fischerdörfer bei saint tropez um sechs uhr morgens wenn auf dem monte argentario eine feuerrote sonne aufging kehrten fischerboote vom meer zurück die männer betrachteten das was einmal ihr dorf gewesen war vielleicht rieben sie sich die augen angesichts der leicht betrunkenen wundersamen in schleier gekleideten feen um zehn haben die ersten gäste begonnen sich unter der markise zu versammeln die die beiden bauernhäuser verband alberto arbasino gekleidet als bitterer beatnik mit heruntergelassenem koppel verließ den tanz nur um mit einem messer einen großen laib parmesan anzuschneiden und wiederholte er hätte nie gedacht dass es in dieser gegend solche nordischen bräuche gebe adriana sartogo mit einem schönen ausgeschnittenen französischen nacktkleid direkt unter dem blinddarm leicht verengt in porto ercole ist man nicht verrückt nur reich schön jung elegant fitzgerald ohne champagner

in porto ercole ist man nicht verrückt nur reich schön jung elegant fitzgerald ohne champagner adriana sartogo mit einem schönen ausgeschnittenen französischen nacktkleid direkt unter dem blinddarm leicht verengt alberto arbasino gekleidet als bitterer beatnik mit heruntergelassenem koppel verließ den tanz nur um mit einem messer einen großen laib parmesan anzuschneiden und wiederholte er hätte nie gedacht dass es in dieser gegend solche nordischen bräuche gebe um zehn haben die ersten gäste begonnen sich unter der markise zu versammeln die die beiden bauernhäuser verband um sechs uhr morgens wenn auf dem monte argentario eine feuerrote sonne aufging kehrten fischerboote vom meer zurück die männer betrachteten das was einmal ihr dorf gewesen war vielleicht rieben sie sich die Augen angesichts der leicht betrunkenen wundersamen in schleier gekleideten feen in der ferienanlage der bucci casari etwas im stil der schicken fischerdörfer bei saint tropez da war krach aber kein durcheinander da waren schöne frauen ganz junge weniger junge nicht mehr junge caroline luciolli ottieri in einem tadellosen roten smoking mit vier schlitzen ceruti aus mailand hatte sich als ausgemusterter vollblutindianer verkleidet ganz tabakfarben carlo coris aus bosniasco prahlte mit seiner fehlenden krawatte getrennte paare haben sich wie alte bekannte wieder zusammengefunden geeinte paare haben sich vielleicht getrennt von zehn uhr abends bis sechs uhr morgens haben sechshundert personen geplaudert geflirtet getanzt vor diesem prächtigen glücklichen tyrrhenischen meer also es gibt einen kamin aber auch ein fischernetz und dann carroll baker nicht wiederzuerkennen klein und pummelig eine kaskade von perlen elisa maraini in gelben und rosa streifen mit ihren eigenen haaren fabio mauri in porto-ercole-uniform hemd mit spitze und blauem leinen er gab sich dem tanz und dem kalauer hin gaea pallavicini im groben durchlöcherten pyjama alles ein einziges loch mit echter rose samt stiel wenige pyjamas die inzwischen out sind viele miniröcke und löcher auf der brust auf dem bauch und auf dem rücken

die kleider waren lang und weit wie man sie in diesem jahr trug das lokal von palchetti dem gründer des verocai und des king's aus cortina ist noch nicht fertig aber man ahnt bereits wie es sein wird nachmittags sah porto ercole leer aus einige waren beim friseur diesem giorgio der sowohl für sein geschick als auch für seine schönheit bekannt war einige im bett die maske auf den augen und die creme im gesicht oder in schlaf versunken in jeder villa wartete man darauf sich umzuziehen für das fest von marco und lorenzo bucci casari und ihren adretten ehefrauen im king's dem neuen lokal das ascanio palchetti aus cortina in cala galera eröffnet hat die zwei kleinen chaplins in den kleidern der schwester geraldine lorenza stucchi de' medici in strengem gelb mit reißverschluss marella agnelli in einem negligé mit hose das aber ein modell war und viele andere marta marzotto in einem langen perfekt modellierten ausgebleichten orangefarbenen kleid nanni balestrini mit jabot und backenbart schwieg wie immer nicoletta rangoni machiavelli in rot

dachte man an die köpfe der damen unter den toupets die anders waren als diese aber von diesen geschmückt wurden konnte man sich vorstellen dass es nicht nur ein fest war sondern zwei das zweite das der sizilianerinnen kalabrierinnen spanierinnen chinesinnen die diese haare hatten die dann bei den friseuren landeten ernster die männer von fast spanischer eleganz vielleicht wegen der spanischen festung die die bucht überragt hemd mit sangallo-spitze dunkle hosen eine kette etwas metall hier und da bei vielen das neue barocke leuchtende natürliche make-up von eve of roma ebenso die elegantesten amüsantesten schönsten damen was die männer betrifft so hatte sich carlo caracciolo in baumwolle gehüllt annibale scotti war ein anonymer playboy aus den 30ern hier in porto ercole amüsiert man sich mit einer gewissen ernsthaftigkeit hier kennt man die primitiven verrücktheiten des kinos nicht denn das kino ist charlie chaplin der nur die sündhaft teure ruhe des hotel il pellicano will hier wissen die mädchen dass sie den richtigen mann oder freund finden können und daher sorgen sie sich nur darum schön zu sein

der smart set wird hier von bernhard der niederlande und jacqueline kennedy repräsentiert sechshundert personen vielleicht auch mehr aus rom aus der toskana von den inseln und aus dem norden hatten sich der üblichen bevölkerung des neuen portofino hinzugesellt eine reife selvaggia borromeo pucci engtailliert es handelt sich um ein bauernhaus genauer gesagt um zwei bauernhäuser die man zum restaurant und nachtklub gemacht hat und die berge klingen noch an gewiss aber berge die man ans meer verpflanzt hat sofia casati lässig in goldenem und cremefarbenem brokat die wallenden langhaartoupets locker auf den Schultern bewegten sie sich sanft im tanz nur drei intellektuelle sie bewachten mit ihren lockenwicklern die perücken die mit den damen und auch den herren mitkamen und jetzt in den badezimmern in den schlafzimmern in den wohnzimmern in den vorzimmern liegen leer die villen im grünen mit den heruntergelassenen rollläden leer offenbar auch die vor anker liegenden großen boote des matarazzo der agnellis der marzottos der feltrinellis der pignatellis leer der hafen ohne seine bunte menge

Aus dem Italienischen von Andreas Löhrer

Nanni Balestrini
PRAGER FRÜHLING ADE

Mitte August 1968 fuhren der italienische Dichter, Schriftsteller und bildende Künstler Nanni Balestrini, die Journalistin Letizia Paolozzi sowie der Semiotiker und spätere Romancier Umberto Eco und seine Frau Renate über Neuschwanstein und Marienbad nach Prag.

Der 1935 in Mailand geborene Balestrini arbeitete damals als Lektor beim Mailänder Verlag Feltrinelli und leitete dessen Sitz in Rom. Er gehörte der literarischen Neoavantgarde der Gruppe 63 an, die Sinn und Form der experimentellen Moderne propagierte. Mit Hilfe eines Computers verfasste er Gedichte sowie den Roman Tristano *(1964).*

Einem größeren Publikum wurde er dann vor allem durch den Roman Wir wollen alles *von 1971 über die Kämpfe der Fiat-Arbeiter bekannt. Mit* Die Unsichtbaren *über die Generation von 1977 und* Der Verleger *über den bei einem Bombenanschlag ums Leben gekommenen Feltrinelli bildet er die Trilogie* Die große Revolte, *die auf Deutsch beim Verlag Assoziation A erschienen ist. Weitere Werke sind* Die Goldene Horde, *das mit Primo Moroni geschriebene Standardwerk über die sozialen Bewegungen und die autonome Linke der 1970er Jahre, sowie die Camorra-Geschichte* Sandokan *und das Fußballfanepos* I Furiosi.

Die Prager Reise hatte Jahre später noch ein kurioses Nachspiel. Der Journalist Enzo Battiza, der damals aus dem Wiener Hotel Sacher für den Corriere della Sera *über das Geschehen in Prag berichtete, warf Umberto Eco Rechtfertigung des Einmarsches sowjetischer Truppen vor, denn er hätte sich nur Sorgen um die Sowjetunion gemacht. Balestrini sprang seinem damaligen Reisegefährten als Zeuge bei und betonte, dass ihre Sympathien sehr wohl auf Seiten derer lagen, die sich zur Verteidigung des Kommunismus gegen die Repression auflehnten. Die Journalisten, auch die linken, wollten nicht verstehen, dass es damals nicht um eine Auseinandersetzung zwischen Kapitalismus und Kommunismus, zwischen Ost und West, gegangen sei, sondern um einen Konflikt innerhalb des Kommunismus.*

Der ursprünglich im Paese Sera, *einer zur* KPI-*Presse gehören-*
den, aber nicht parteioffiziellen und sehr populären Tageszeitung
aus Rom, erschienene Artikel wurde in einer 68er-Anthologie
des römischen Literaturverlags nottetempo (La risata del '68)
wieder abgedruckt.

Reinhard Sauer

Am 20. August 1968 war ich mit Letizia Paolozzi und mit
Umberto und Renate Eco nach Prag gekommen, um die Schriftsteller der *Literární Listy* zu treffen, der Zeitschrift, die zum
Experimentierfeld und Sinnbild für den in Gang befindlichen
außergewöhnlichen Veränderungsversuch geworden war. In
derselben Nacht erfolgte plötzlich und unerwartet der militäri-
sche Einmarsch der Sowjetunion. Am Tag darauf habe ich aus
Wien für *Paese Sera* diesen Bericht geschrieben, wegen dessen
mir politische Verantwortungslosigkeit und sogar Prosowje-
tismus vorgeworfen wurde.

Kaum in Österreich, stürzen wir als Erstes zum nächsten
Bahnhof und suchen nach allen Zeitungen. Ausländische gibt
es nur ganz wenige, wir finden sie alle erst an den Kiosken in der
Innenstadt von Wien, wo wir schließlich in der Nacht erledigt
ankommen. Beim Vergleichen der Presse sieht man sofort, dass
– während die französische, deutsche, englische und sogar die
amerikanische Presse zwar reißerische Schlagzeilen und Artikel hat, gegenüber der Unmenge von überallher kommenden
Informationen aber eher zurückhaltend ist – die österreichi-
schen und italienischen Zeitungen die schlimmsten sind. Bei
ersteren ist das noch zu verstehen, mit den ganzen Reportern
an der Grenze und den Telefonen, die noch nach Prag funktionieren, sowie den ganzen tschechischen Untergrundsendern,
die man von hier aus sehr gut empfangen kann. Was die italienischen Zeitungen jedoch schreiben, »Blutbad in Prag – Stunden des Terrors in Prag«, ist empörend. Gut, sie haben keine
Korrespondenten in der Tschechoslowakei (die sind alle nach
dem Ceaușescu-Besuch in die Sommerferien gefahren), aber
so weit zu kommen, wie Egisto Corradi im *Corriere della Sera*
vom Donnerstag zu schreiben, dass zahlreiche Prager Straßen
in Flammen ständen, ist verrückt. In Prag, von wo wir einein-
halb Tage nach der Okkupation abgefahren sind, stand nämlich

keine einzige Straße in Flammen. In der ganzen Tschechoslowakei, von der Hauptstadt bis zur letzten Abzweigung auf dem Land, fand ein riesiges, ausgeflipptes Happening statt.

Meine Reaktion beim Lesen der italienischen Zeitungen gab mir den Anstoß, diese Eindrücke, das, was ich mit eigenen Augen von der russischen Okkupation habe sehen können, niederzuschreiben. Es interessiert mich dabei nicht, politische Interpretationen zu liefern, sondern nur zu versuchen, die Stimmung wiederzugeben. Am Vorabend jenes Mittwochs waren wir in Prag spät ins Bett gekommen, nachdem wir in der Laterna Magica gewesen waren. Dort hatten die vom Schriftstellerverband wie durch ein Wunder noch Plätze für uns gefunden und in der Tat war sie fast ganz von einer Reisegruppe schwedischer Langhaariger besetzt, die wie die Irren klatschten. Dann waren wir in das große Restaurant Secession am Platz der Republik gegangen, dann kurz noch weiter, um die zwei- oder dreihundert Leute zu sehen, die jeden Abend trotz des formellen Verbots der Obrigkeit vor den Grünanlagen an der Na Příkopě diskutieren (am Abend vorher hatten sie darauf verzichtet, die Unterschriftensammlung für den Aufruf fortzusetzen, in dem die Auflösung der Volksmiliz gefordert wurde), und schließlich zum Schwarzbiertrinken in die mittelalterliche Gastwirtschaft U Fleků.

Im Morgengrauen werden wir von den Flugzeugen geweckt. Es ist wirklich nicht zu verstehen, warum zu so einer Uhrzeit so viele in alle Richtungen fliegen. Und als wir etwas später auf dem Flur auf die Hauswirtin stoßen, die uns teils auf Tschechisch, teils durch Gesten sagt, das sei die Okkupation und man könne die russischen Panzer sehr gut von der Terrasse aus sehen, da halten wir sie erst mal für verrückt. Bis dann im Wohnzimmer Radio und Fernsehen Aufrufe ausstrahlen, auch auf Englisch und Deutsch, und wir auf die Terrasse stürzen, von der wir die ganze Prosecká, die große Allee und Zufahrtsstraße zur Stadt, übersehen können, auf der ein Panzer nach dem anderen rollt, dumpf rasselnd; am Himmel überall Düsenjäger und Hubschrauber.

Es folgt ein Herumtelefonieren mit tschechischen Schriftstellern, mit Freunden, mit der Botschaft, um mehr zu erfahren und nach Rat zu fragen. Das Fernsehen sendet weiter Interviews, Kommuniqués, Erklärungen, aber kein wichtiger Politiker erscheint. Im Rundfunk heißt es, die Regierung und das Zentralkomitee der Partei tagten ständig in von den Russen umstellten Gebäuden. Er verbreitet auch Appelle auf Russisch, Polnisch, Ungarisch und Bulgarisch und rät den Okkupanten, aufzugeben und hinter ihre Grenzen zurückzukehren.

Die Fernsehkommentatoren (die seit sechs Monaten zu den berühmtesten Personen des Landes gehören) sind unrasiert, in Hemdsärmeln, aber merkwürdigerweise ruhig, distanziert und zuweilen ironisch. Sie wiederholen ständig, dass es nicht zu verstehen sei, warum die fünf Länder diese unsinnige Tat vollbrächten, dass wohl ein Irrtum vorliegen müsse, dass sie ein sozialistisches Bruderland seien. Dieses arbeite wie die anderen, sogar noch mehr als die anderen, dafür, eine bessere Gesellschaft zu errichten. Sie fordern Moskau auf, es sich noch einmal zu überlegen, sich klar zu machen, dass es nicht mehr angebracht sei, derartige Methoden anzuwenden, da sie doch – wie immer schon – sehr wohl dazu bereit seien, mit ihren sowjetischen Freunden zu diskutieren und zu kooperieren. Das ist der Beginn der Operation »Der brave Kommunist« (und nichts anderes, so scheint es mir, als die Fortsetzung der ganzen Politik Dubčeks). Auf allen Straßen, auf allen Plätzen, in allen Ortschaften findet zwei Tage lang dasselbe Schauspiel statt: ruhige, distanzierte, zuweilen ironische Tschechen, die sich anstrengen, die Russen davon zu überzeugen, dass sie eine unnötige Dummheit begehen.

Wir gehen aus dem Haus und kehren erst in der Nacht zurück, nachdem wir kreuz und quer durch die ganze Stadt gelaufen sind. Auf Panzer (alles russische, denn welches die bulgarischen, ungarischen und polnischen Panzer sind, ist nicht erkennbar, vielleicht sind sie gar nicht da) treffen wir an fast jeder Straßenkreuzung, in Zweier- oder Dreiergruppen postiert. Um sie herum eine Menschenmenge. Viele Tschechen können Russisch und sprechen mit der Panzerbesatzung. Sie greifen sie auch gewaltsam an, tippen sich mit dem Zeigefinger an die Stirn, wie um zu fragen, ob sie plötzlich zu spinnen angefangen hätten, erklären ihnen, dass sie sich in Prag, in der Tschechoslowakei, einem Mitglied des Warschauer Paktes, einem sozialistischen Land befänden. Sie haben schon Flugblätter auf Russisch gedruckt und vervielfältigt, auf denen dies alles in klaren und einfachen Sätzen zusammengefasst ist.

(Ich habe ganz vergessen zu sagen, dass der stärkste Eindruck, den wir vom Prag vor der Okkupation hatten, der ist, dass es schlagartig zur Hippie-Hauptstadt geworden war. Die Straßen und Plätze der Innenstadt waren immer voll mit jungen Männern und Frauen aus aller Herren Länder, mit geblümten Hemden und Miniröcken. Gitarrenspiel in Lokalen und auf Brücken. Die Hälfte der Bevölkerung in Blue Jeans. Die Männer mit den längsten Mähnen, die je zu sehen waren. Junge Leute aus allen Ländern mit Bart und Schlafsack, die überall kampieren.)

Der größte Teil der Leute, die die Panzer umstellen, ist also jung und langhaarig. Aber auch zahlreiche Angestellte mit Aktentasche, die nicht ins Büro gegangen sind, Frauen mit Kindern im Kinderwagen und Einkaufstasche, Armeeoffiziere und Polizisten. Viele mit dem Transistorradio am Ohr. Es sind die Angestellten, die mit den Russen die längsten Gespräche führen, die immer mit einem Schulterzucken und dem Ausbreiten der Arme enden. Da sagen die jungen Leute, dass das keine gute Art sei, nicht zuhören zu wollen, sie geben ihnen die Flugblätter und wenn sie die nicht wollen, klettern sie auf den Panzer und stecken sie ihnen in die Uniformtasche. Unterdessen haben sich weiter unten die kleineren Jungs und die Mädchen bunte Kreide besorgt und in kurzer Zeit sind die Panzer alle angemalt. Das am meisten wiederholte Motiv ist das Hakenkreuz, dann viele Wörter auf Russisch, die »Haut ab nach Hause – Wir wollen euch nicht« bedeuten, und dann noch viele Dubčeks und Svobodas und überall große Fragezeichen.

Das Panzer-Happening läuft allerorten so ab, auch auf dem Land. Sobald ein Panzer irgendwo stehen bleibt (was oft vorkommt, da immer etwas kaputt geht), kommt der ganze Ort an mit Kreide, Pinseln und Pappschildern, die überall angebracht werden, auf den Ketten, auf dem Vorderteil, um den Turm, hinten auf den großen Tanks, und drum herum eine große schimpfende, redende, diskutierende und gestikulierende Menschenmenge. Oft ist die ganze Panzerbesatzung so verstört, dass sie wieder hineinsteigt und die Luke schließt. Da hängt die Menge die letzten Schilder auf, macht lautstark die letzten Vorhaltungen, wirft ein paar Steine oder Grassoden gegen die Panzerplatten, steckt dann eine Stange mit einer tschechoslowakischen Fahne in die Rohrmündung und alle ziehen wieder los, um zu sehen, ob sie noch auf weitere Panzer stoßen.

Die Russen sind alle sehr jung, haben himmelblaue Augen, sind eingeschüchtert und müde; sehr viele Mongolen, verblüfft. Sie haben allerstrengsten Befehl bekommen, sich nicht provozieren zu lassen, keine Waffen zu benutzen, solange sie nicht angegriffen werden. Einige diskutieren auch lebhaft, antworten auf die Vorhaltungen, stoßen die Langhaarigen herunter, die sich auf den Panzerturm setzen wollen, drohen den Touristen mit der Hand, die aus zu großer Nähe filmen und fotografieren. Die meisten aber haben die Augen aufgerissen, werden rot, wenn sie verstohlen auf die Miniröcke starren, verhaspeln sich beim Antworten auf die sich überstürzenden Vorhaltungen der Jugendlichen in lila Hosen, versuchen, sich den in ihre Ohren gebrüllten Lektionen in Marxismus zu entziehen.

Lastwagen mit Gruppen von jungen Leuten, die schreiend und singend tschechoslowakische Fahnen schwenken, fahren hin und her, gefolgt von Scharen von Mopeds. Wir kommen vor dem Schriftstellerverband an; man kann nicht hinein, weil die Glastür zu ist und dahinter zwei mongolische Soldaten auf den Stufen sitzen. An anderen Stellen in der Stadt stehen die Soldaten in losen Reihen um Gebäude oder sperren eine Straße ab, und haben vor sich immer einen Haufen Leute, die sie ausfragen und ihnen Flugblätter geben, während sie Transistorradio hören. Ab und zu sind Schüsse bzw. kurze Maschinengewehrgarben zu hören, aber niemand achtet darauf. Während wir noch auf dem Platz der Republik sind, sehen wir in Richtung Wenzelsplatz eine große, schwarze Rauchwolke. Bei der Umzingelung des Rundfunks ist ein Panzer gegen ein Auto gestoßen, der Tank ist explodiert, das Auto brennt, danach fängt auch ein Bus Feuer, der in der Nähe stand, und nun auch der Panzer. Die Soldaten versuchen, ihn mit Decken zu löschen. Die Leute drum herum schauen zu und geben ironische Kommentare ab.

Aber es wäre langweilig, mit der Beschreibung immer ähnlicher Szenen ein und desselben Schauspiels fortzufahren. Dieses verändert sich auch am Tag darauf nicht, als wir im Auto die 200 Kilometer übers Land zurücklegen, die uns von der Grenze nach Österreich trennen. Neu sind die kyrillischen Schriftzeichen in weißer Kalkfarbe auf dem Asphalt der Landstraßen, fast alle stark gezeichnet von den Ketten der Panzer. Aufgemalt werden sie von kleinen Trupps von Soldaten unter dem Befehl von Unteroffizieren. Man kommt nur mit Mühe voran, weil die Straßenschilder alle übermalt oder mit Papier überklebt sind, um sie unlesbar zu machen, verdreht sind oder Aufschriften tragen wie: »Moskau 3.000 km«. Überall Plakate und Parolen, auf allen Masten, Bäumen, Straßenlaternen, über den Straßen Transparente: »Dubček, Svoboda – Geht nach Hause – Warum seid ihr mit Waffen gekommen? – Wir sind keine Kolonie – Wir wollen euch nicht – Wir sind der Sozialismus« usw. Fast alle auf Russisch.

Auf den Plätzen der Ortschaften, durch die wir kommen, steht oft bloß ein einziger russischer Soldat mit dem rotgestreiften Helm der Militärpolizei, der den Verkehr der Militärkolonnen regelt und dazu eine Fahne hoch über die Köpfe der ihn umringenden Menschentraube hebt. In einer kleinen Stadt ist es die örtliche Polizei, die den Verkehr regelt und immer den Panzern die Vorfahrt gewährt. Die ganze Bevölkerung steht auf dem Platz, das Ohr am Transistorradio, aus dem die tschechischen Untergrundsender immer weiter zur Ruhe auffordernde Botschaften und Meldungen jeder Art ausstrahlen. Alle grüßen herzlich die wegfahrende ausländische Wagenkolonne.

Auch an der Grenze steht ein Panzer, fünfhundert Meter vor dem Grenzposten, mitten auf einer Wiese. Die Zollformalitäten werden vollkommen normal abgewickelt, auch die tschechischen Zöllner sind ruhig, distanziert und etwas ironisch. Von der anderen Seite kommen ganz viele tschechische und auch ein paar ausländische Autos. In Österreich dann ein Stau und Hunderte von Leuten bei einem riesigen Picknick, die diesen weit weg mitten auf der Wiese stehenden Panzer fotografieren und mit dem Fernglas beobachten.

Aus dem Italienischen von Reinhard Sauer

Oggi Parigi (Heute Paris), 1968, 27 x 35,5 cm

ti l'hanno presa
sostituire
cia non tornerà
e tra CONTRO I PADRONI
DALL'INVIATO
parte: il movimento odierno infatti
ARE CONTRO I PADRONI
mente seria, tale da consigliare l'abbandono di qualsiasi schema
bloccati all
scende in strada
dopo uno
i suoi obiettivi, almeno così come vengono formulati, assai più avanzati
MILIONI DI LAVORATORI IN
da un governo un
SCIO
viaggio attraverso un Paese scosso da
il potere aveva le fabbriche, gli operai le hanno prese
più
quella
studenteschi
e leaders
deciso a cambiare le
cose
Cohn-Bendit
in Francia
Nella convulsa situazione francese si consolida l'unità delle forze progressiste
sarebbe tornato
vita
all'Assemblea
i fatti
Il potere aveva l'università e gli studenti l'hanno presa
Tre grandi cartelli che riassumono la situazione:

Nanni Balestrini

DOKUMENTATION

**Die reaktionäre Gewalt der bürgerlichen Institutionen
beantworten wir mit revolutionärer Gewalt**

In seinem 1976 bei Einaudi erschienenen Buch La violenza illustrata *(Die illustrierte Gewalt) verwendet Nanni Balestrini mehrere Methoden der experimentellen Literatur. In dem vorliegenden Text stellt er unterschiedliche Sprachmaterialien einander
gegenüber. Balestrini konfrontiert den Leser mit diesen scheinbar
unvereinbaren Texten, der dadurch gezwungen ist, nach dem
Grund dieser Gegenüberstellung zu fragen und so eine Nachricht
erhält, die in den Texten selber nicht enthalten ist.*

*In dem Kapitel »Dokumentation« werden zwei Texte mitein-
ander konfrontiert. Der eine stammt aus einem Interview über
einen Arbeitskampf in der Turiner FIAT und erinnert an Balestrinis Buch* Vogliamo tutto *(deutsch zuerst im Trikont Verlag
München unter dem Titel* Wir wollen alles*). Der andere, eine
Liebesgeschichte, könnte aus einem der noch heute in Italien verbreiteten sentimentalen Romane des vorigen Jahrhunderts, aber
auch aus einer heutigen Illustriertenstory stammen. Die Texte
werden in den 22 Abschnitten des Kapitels nach dem Schema 1...
2... 1... – 2... 1... 2 vermischt.*

*Jeder der Texte steht für eine präzise historische und soziale
Epoche. Der eine für die Massenlinie der kämpfenden Arbeiterklasse, die kollektive Erfahrung, der andere für die Subjektivität der Einzelerfahrung und daraus folgend: Vereinzelung,
Eskapismus, Kitsch.*

*Der Schluss, der daraus zu ziehen wäre, ist auch politischer
Natur: Im Text über die FIAT artikuliert sich Massenbewusstsein, in der Liebesgeschichte wird falsches Massenbewusstsein
angesprochen.*

Renate Chotjewitz-Häfner

Es begann Anfang der Woche den Arbeitern war bewusst
geworden dass sie neue Formen des Kampfes finden mussten
die ihre Kraft bewiesen es begann mit der Einteilung der Werk-
stätten und Demonstrationszüge jeder Zug machte einmal die

Runde und fertig. An einem Septembertag die Luft roch nach Kühen und Wein heirateten zwei Italiener namens Maria und Giovanni in einer romanischen Kirche es war kühl drin mit großen Freskofragmenten auf den Steinmauern. Also machten wir den Vorschlag eine Säuberung bei den Delegierten durchzuführen und diejenigen rauszuwerfen die nicht mitmachten wir kämpfen seit fünf Monaten wir kennen jeden und es gibt viele Delegierte die sich nie zeigen außer bei einem Misstrauensantrag gegen die Extremisten.

Die beiden waren jung Maria 18 Giovanni 25 Jahre sie kannten einander seit Kindesbeinen auch die Familien kannten sich ihr Verhältnis war leidlich vertrauensvoll gleich nach der Hochzeit sprach Giovannis Vater zu seinem Sohn traue niemandem. Wir haben mehrfach mit den Mechanikern Kontakt aufgenommen dass sie zu uns kommen sollten Montag nach dem Demonstrationszug kamen wir zu Tor 11 das am wichtigsten ist weil hier die Container T.I.R. und der Zoll reinfahren. Man sagt die Ehre gilt nichts und doch ist sie wichtiger als das Leben ohne Ehre genießt du kein Ansehen das eigenartige Gespräch am Hochzeitstag doch Giovanni verstand die Rede des Vaters gut ohne ihn zu begreifen den jedermann für gutmütig hielt.

Da standen die Laster wir verlangten vom Wachpersonal die Schlüssel der Kapo rief die Direktion an aber die Wagen warteten nicht wir sind ein bißchen zurück das Wachpersonal hat telefoniert hallo ja ich verbinde danke Ende und damit hauten sie ab. Sie wussten nicht mehr wann sie zu sündigen begannen Maria mag 13 gewesen sein sie küssten sich oft in den Frühlingsnächten neben der Quelle in einer Tuffsteingrotte verborgen unter Büscheln Frauenhaar es tröpfelte und roch nach Feuchtigkeit und Erde. Da sprang das Tor plötzlich weit auf und es gab eine große Begrüßung Umarmungen ein ziemliches Durcheinander weil keiner wusste wohin einige Delegierte und Arbeiter wollten die von der Mechanik in die Halle bringen damit ein Band weiterlief.

Es muss unter diesen Sträuchern gewesen sein wohl bei der Quelle aber alles ist verworren es ist lange her Maria weinte mehrmals warum weiß man nicht denn sie umarmte ihn fest umschlang ihn mit Armen und Beinen unter Sternen und tröpfelndem Frauenhaar. Also kletterte ich auf einen von diesen Graskästen mit Bäumchen die sich die FIAT leistet um zu zeigen dass sie auf Umweltschutz achtet Grasbüschel in Zement und sagte dass man jetzt wo sich die zwei Abteilungen vereinigt hätten weitermachen und die Werkstore sperren müsste wenigstens die Tore o 10 und 11 für die Lastwagen. Es gab viele Gerüche und Düfte die sie beide liebten den Geruch der tiefen Lagunengewässer in Venedig den Geschmack von Wassermelonen vor allem den Duft von Brot und Pommes frites.

Und forderte nochmals diejenigen auszuschließen die den Forderungen der Massen nicht Rechnung tragen und sagte sie sollten den Unsinn mit den acht Lohngruppen aufhören denn wir kämpfen für fünf Lohngruppen mit automatischer Lohnanpassung und deshalb drehten zwei oder drei Delegierte von der Mechanik durch. Sie waren zu jung hatten noch nicht gelernt den Geruch der Kräuter zu lieben Minzkraut Rosmarin Salbei Knoblauch das begann später auch Olivenöl liebten sie später als sie älter waren. Die Genossen führten die Anweisungen aus verteilten sich auf die Tore wo wir ein paar Stunden Streikposten standen und sofort merkten wir dass unser Kampf wirksam war wegen der Anzahl der Laster die vor den Toren stecken blieben und die Einfahrt verstopften.

Zu jener Zeit begannen sie häufiger Fisch zu essen und fanden Gefallen an den tiefen Gewässern in den Meeren Süditaliens sie hatten ein großes Ehrgefühl davon hatte Giovannis Vater am Hochzeitstag gesprochen. Nach Beendigung des Streiks den die Gewerkschaft ausgerufen hatte gingen wir wieder rein und räumten mit der kläglichen Minderheit auf die noch arbeitete und erläuterten denen die drin geblieben waren die neue Kampfmethode und unsere Befriedigung darüber. Die Ehre bedeutete gegenseitige Treue niemals über sich selbst reden es sei denn miteinander nicht gegenüber Dritten das war überliefert sie wussten dass die Ehre es niemandem erlaubte sie zu verachten sie schliefen deshalb gern nachts in einem Bett zusammen.

Mittwoch streikte die erste Schicht drei Stunden normal um 14:30 hat die zweite Schicht von der Montage die Arbeit gar nicht erst aufgenommen und einen Demonstrationszug im Werk gemacht dann um 15:30 hat die FIAT die gesamte Lackiererei nach Hause geschickt. Sie sanken in tiefen Schlaf beschirmt von der Kraft der Ehre in ihren Düften und Gerüchen denn in jenen Jahren wuschen sie sich aus Erziehung nicht so übertrieben wie heute sondern sparsamerweise nur das Nötigste heutzutage würde man sagen sie waren unsauber. Ich bin um 16 Uhr aus der Werkstatt da war bereits ein Tor durch Kisten blockiert Arbeiter blockierten die Laster mit vollgeladenen Wagen Diskussionen mit den Fahrern zu Tausenden lagen die Leute auf den berühmten Grünflächen das war ein Aufruhr.

Die Jahre vergingen es waren die Jahre der Jugend sie schienen nie zu vergehen denn in ihnen veränderte sich nichts da sie tief verwurzelt waren in ihrer Region auch wenn sie begonnen hatten umherzureisen. Dann gingen wir dahin wo die Innenstraßen zum Tor 11 zusammenlaufen ein weiterer Demonstrationszug der im Werk herumgelaufen war kam wir sprachen die Aufgaben ab es wurde beschlossen dass auch die Schweißer ihren Streik bis elf Uhr verlängern sollten. Die anderen Regionen Italiens waren wie Ausland sie begriffen jedoch nach und nach dass auch die Bewohner dieser fremden Staaten Italiener waren dass sie alle jeder auf andere Art gleichsam eingehüllt waren in ihre regionale Ehre.

Plötzlich war eine Masse Fahrräder da wer weiß woher dann merkten wir dass sie den Streikbrechern gehörten die streikenden Arbeiter hatten sie einfach aus den Fahrradständern geholt. Sie waren oft sehr schweigsam wussten sich nichts zu sagen Giovanni ergriff wie das unter Knaben üblich ist Marias Hand mit der anderen klopfte er ihren Rücken diese Vertrautheit war etwas ganz ähnliches wie die Ehre sie begriffen wie wahr es war dass der einzige Mensch auf den sie sich verlassen konnten der andere war. Wir haben Stafetten organisiert ich bin mit einer Anzahl Genossen ab zu den Werkskantinen weil wir denen die beim Essen saßen die neue Streikform erklären wollten in der Gruppe waren junge sehr kämpferische Genossen.

Sie hatten keine klare Vorstellung von der Institution der Familie oder der Ehe wie allgemein üblich sie lebten ganz einfach zusammen ihnen wurde mehr und mehr bewusst ja man konnte den anderen Italienern einigermaßen trauen aber weniger war besser als mehr. Wir liefen durch die Kantinen und sammelten an allen Tischen die Ja-Stimmen sie sagten zu uns na endlich wir haben fünf Monate gebraucht das zu kapieren als ob ich Delegierter wäre dann haben wir über die Delegierten diskutiert d.h. wir haben uns vernünftig organisiert. Was bedeutete jemandem vertrauen sie wussten es nicht genau denn sie waren noch jung manchmal kamen sie in Versuchung sich anzuvertrauen aber das war so unsicher das Gegenteil einer anderen unklaren Sache war der Verrat deshalb war ihre Beziehung zu anderen Personen auch zu ihren Jugendfreunden sehr aufrichtig aber keiner der beiden erzählte alles man muss schweigen um zu leben.

Die Delegierten die wirklich welche sind haben wir behalten die anderen die ihre Befehle von der jeweiligen Zentrale erhielten haben sich selbst ausgeschlossen es gab Delegierte die Karten spielten und die Arbeiter sagten seht mal das da sind unsere Delegierten. Sie bekamen ein Kind das sie Francesco nannten sie hatten die Gabe zu leben diese italienische Art die nicht jeder Italiener hat sich zu bewegen zu gehen und zu lächeln die wie aus den Wellen des Mittelmeers aufzusteigen scheint. Dann wieder zurück in die Karosserie wo gerade Gruppen zu den Werkstoren aufbrachen sie sagten auf zu Tor 0 wo liegt Tor 10 wir verstärken bei 9 da sind nur drei Mann wir fuhren per Fahrrad voraus denn die FIAT ist riesig und sie kannten den Weg nicht.

Um neun Uhr kamen die Gießereiarbeiter an und wollten Informationen wir benutzten das Telefon vom Werkschutz und verabredeten uns vor Tor 0 bei Schichtende um die Lage zu besprechen. Dieses Zusammenhalten verdankten sie ihrer großen Natürlichkeit vielleicht entstand sie durch die Eheschließungen ihrer Ahnen und Väter sie entsteht durch die gemeinsamen Bewegungen die man in der Jugend macht auf der gleichen Scholle wenn man miteinander isst und schläft und eine Familienähnlichkeit die damals sehr viele Italiener hatten.

Versammlung ein Delegierter vom linken Gewerkschaftsflügel sagt dass unser Kampf richtig sei wir hoffen dass ihr die Kraft habt den Kampf voranzutreiben undsoweiter hinterher sprach ich und sagte ein bisschen mehr ich sagte dass ich sicher wäre dass auch die andere Schicht weitermacht und dass es nötig sei auch die andere Schicht zu organisieren weil sie die gleichen Probleme haben.

In Giovannis Körper erhielten sich ganz wie bei Maria die Muskeln Nerven der Schlaf und der Hunger eines Knaben Francesco war sein Ebenbild ein paar mal wurde Giovanni von seinen Freunden geneckt weil er sich während der Arbeit am Mikroskop in seinem Kittel sitzend an jemand schmiegte er lehnte seinen Kopf auf dessen Schulter und schlief. Donnerstag neun Uhr ich schlief ruft ein Genosse an und sagt ganz Mirafiori ist besetzt alle Tore sind in unserer Hand 10:30 war ich mit Frau und Kind zur Stelle weil sie wissen wollte was eine Besetzung ist zu Hause erzähle ich immer von unserem Arbeitskampf und was vorfällt. Es gab nie Streit nie hatte Maria einen anderen Mann und Giovanni nie eine andere Frau es gab nie Eifersuchtsprobleme weil sie sich im Laufe der Zeit immer anders liebten und jeder dachte an die Ehre des anderen.

Mein Sohn ist sechs wir sind zu den ganzen Toren hin überall wehten Fahnen er fragte wer sind die auf den Dächern dort mit den Fahnen und ich das sind die Arbeiter die den Unternehmer stürzen wollen. Sie bekamen eine Tochter die sie nach ihrer Großmutter Sylvia nannten sie kam mit einem winzigen körperlichen Defekt an der Hüfte zur Welt und hinkte etwas als sie größer wurde ihre Eltern grämten sich darob sehr als Sylvia 13 war und sich ihre ganze Schönheit zeigte halb Russin halb mongolisch verflog ihr Gram. Und er aber wo ist der Unternehmer weißt du der ist nie in seinen Fabriken vielleicht sitzt er jetzt gerade in seinem Privathubschrauber und schaut von oben zu wie ihm seine Fabrik aus den Händen fällt.

Sie waren nicht mehr jung aber ihre Haut ihr Fleisch ihr Speichel und ihre Haare waren ziemlich jung im Gesicht war Giovanni gealtert er hatte graue Haare Tränensäcke und seitlich der kleinen kindlichen Nase zwei scharfe Falten. Wir trafen noch einen Genossen mit seinem Sohn die zwei passten zusammen in dem Moment wo das dein Kampf wird ist das ein Fest des Proletariats wo jeder seine Identität wiedererlangt man ist kein Zahnrad mehr sondern eine Anzahl Gehirne die sich koordinieren und sich selbst und die anderen leiten. Maria war nicht stärker geworden aber auch sie hatte ein paar graue Haare ihre Brüste ihr Fleisch waren wirklich nicht mehr das es fehlte die Festigkeit Giovanni der sie immer berührt hatte im Ernst und im Spiel seit er ein Junge war ließ es aus Rücksicht sein.

Ohne das wäre es sinnlos eine Fabrik zu besetzen dann gab es Streikbrecher die der Unternehmer mit seinen Phrasen derart vernebelt hatte dass sie ankamen und fragten ob man eine schriftliche Erlaubnis brauche um rein- und rauszukommen darauf ich sagt mal sind wir vielleicht eure Vorgesetzten. Maria verstand diese Rücksichtnahme aber nur dunkel und jedes Mal wenn sie sich im Spiegel betrachtete nackend im Bad sprach sie mit lauter Stimme zu sich ich bin alt und bedeckte ihre Blöße weil die Jugend verschwunden war. Ich erklärte ihnen dass wir den Klassenfeind unmittelbar bekämpfen wir machen uns das aufgeblähte Instrumentarium des Unternehmers nicht zu eigen wir schließen nur den aus der gegen uns ist.

Jeden Sommer fuhren sie ans Meer und manchmal machten sie im Geist Reisen durch Italien in ihrer Vorstellung lag Capua gleich vor Porta Capuana denn sie sahen die Orte hintereinander liegen sie erinnerten Cuma und die Schwefel. Beim Schichtwechsel ist überhaupt das Tollste passiert bei den Karosserietoren wurde die Entscheidung getroffen die Sperre am Werkstor abzulösen um sicherzustellen dass die Torsperrung die ganze Schicht weitergeführt werden konnte so was hab ich noch nie erlebt. Diese Italienreisen blieben klar in ihrem Gedächtnis auch wenn ihre Sinne mit jedem Jahr das verging abnahmen der Geruch der Luft der Geschmack der Speisen die Meerestiefen wirkten auf sie mit jedem Jahr weniger überraschend wenn auch dem Auge süßer und süßer denn je den Gedanken und der Erinnerung.

Wie die Arbeiter ankamen sahen sie die ganzen roten Fahnen Arbeiter in ihren Kitteln auf den Toren und der Mauer kurz die Sache lief anders als gewöhnlich aber am stärksten begeisterte mich und das gibt dir eine Vorstellung von der Kraft und dem Bewusstsein der Arbeiter die Torkontrolle. Sie wussten es nicht aber ihre Körper hatte eine ganz leichte Ermattung der Sinne und Gedanken und damit des Lebens ergriffen die Jahre verflogen so schnell und langsam ging ein Tag ihrer fernen Jugend zu Ende Sylvia war sehr beliebt eine der beliebtesten Frauen in Italien und Francesco wurde Vorsitzender einer Gewerkschaft einer politischen Partei er war von Anfang an ein Idealist. Sie hatten beschlossen dass nur Arbeiter reinkamen keine Kapos alle an den Pforten sagten heute nur Genossen rein Kollaborateure draußenbleiben und dadurch wurden auch die Streikbrecher ausgesperrt das war ein Anblick wie die Genossen da am Eingang bei halbgeöffnetem Tor die Ausweise kontrollierten.

Eines Tages sprach Giovanni zu einem französischen Kollegen den Italiens Schicksal mit Besorgnis erfüllte tout se tient en Italie schon aber wie lange noch für immer sagte Giovanni eines Abends in einem Restaurant an der Piazza Santa Maria in Trastevere in Rom ringsum Lampen Lichter ein Glitzern. Sie wurden einzeln reingelassen und jeder musste sich von den Arbeitern einstufen lassen die Neuigkeit verbreitete sich auf dem ganzen Platz während die auf den Toren und der Mauer denen an der Pforte ankündigten wer kam Arbeiter Kapos oder allgemein bekannte Feiglinge. Und er sah sein ganzes Land vor sich liegen leuchtend und es schien ihm als ob Kirchen Kuppeln Ruinen und Schluchten Felder und Olivenhaine im Wind in der Sonne kochten von Meer umgeben einem Ausländer den Begriff der omertà zu erklären war schwierig und Giovanni gab es auf.

Sie brauchten keine Gewalt anwenden wenn ein Kapo kam schrie alles im Chor raus mit dir heute bestimmen wir reinkommen nur unsere Genossen die Arbeiter dann lächelten sie gequält und gingen kopfschüttelnd weg. Giovanni und Maria alterten plötzlich doch wie stets nur infolge jener barmherzigen Müdigkeit die beide ohne sich dessen bewusst zu sein von den unendlichen Illusionen der katholischen Kirche geerbt hatten ohne es zu wissen sie wurden es nicht gewahr. Wenn einer das Maul aufreißen wollte dann ging es tritt in Arsch den Streikbrecher aber ganz im Gegenteil sie hielten ein Volksgericht und erinnerten sie daran wie sie uns in den fünf Monaten geschadet hatten.

Keiner von beiden wurde gewahr dass sie ihr Leben bereits gelebt hatten sie bemerkten nicht dass sie den Himmel von Rom in der Frühe die Nachmittage am Lido di Venezia wenn der Bademeister beginnt die Sonnenzelte für die Nacht einzurollen oder die Palmen im August an der Piazza di Spagna zum letzten Mal sahen. Die Verstockten gingen weg die das eine Mal gestreikt hatten und das nächste Mal nicht sie wurden umerzogen alle Kollegen ihrer Kolonne waren da und erinnerten sie an jede Einzelheit denn der Arbeiter hat ein gutes Gedächtnis aber manchmal mussten sie allerdings nachhelfen. An einem Junitag merkte Maria dass sie beim Sprechen die Sätze vergaß sie blieben Gedanke und Maria drückte sich verworren aus oft unverständlich wenn er sie diese sinnlosen Sätze sprechen hörte wurde Giovanni sehr ernst und ihn ergriff ein unendlicher Schmerz denn er begriff dass sie sterben würde Maria starb tatsächlich und nichts von ihr blieb im Haus zurück.

Dann fragten sie ihn ob er sich anders besonnen hätte und wenn ja bekam er eine gewischt und wurde reingelassen und schwor das nie wieder zu tun und die auf der Mauer klatschten Beifall und die Fahnen wurden geschwenkt. Giovanni lebte noch elf Jahre er lief viel arbeitete immer aber etwas war zerbrochen und das Leben verstrich und ging weiter auch nachdem Giovanni starb und schon seit langer Zeit hatte niemand mehr das Paar gesehen. Es gab auch Delegierte die murrten und sagten das sei undemokratisch die wurden übergangen doch das Allergrößte war dass alle zur Stechuhr mussten und durchs Tor kamen selbstbewusst und zufrieden mit erhobenen Armen und geballter Faust.

Aus dem Italienischen von Renate Chotjewitz-Häfner

Jost Müller
GEGEN DIE ARBEIT
Vogliamo tutto – ein literarischer Bericht
über den Massenarbeiter

Am 3. Juli 1969 »explodiert der *Aufstand*«, so kommentierte wenige Wochen später Luciana Castellina in *Il Manifesto* die Ereignisse jenes Sommerabends in Turin. »Am 3. Juli streikte die ganze Stadt – ein Generalstreik, wie es ihn seit 20 Jahren nicht gegeben hat. Der Kampf in der Stadt gibt dem Kampf im Betrieb zusätzlich Auftrieb.« Aus diesen Worten spricht nicht nur die Bewunderung für das Turiner Proletariat, das über Stunden auf dem Corso Traiano, auf der Piazza Bengasi, aus der Fabrik und aus den Häusern der umliegenden Straßen kommend, der Polizei und ihrem massiven Tränengaseinsatz im Barrikadenkampf trotzte. Der Kommentar signalisiert zugleich die Verwunderung darüber, dass die Grenze zwischen Fabrik und Stadt so schnell zu überwinden war und die Auseinandersetzungen von hier auf andere Stadtteile und Vororte überspringen konnten. Auf die Stabilität der Trennung von Fabrik und Stadt andererseits mussten wohl die Gewerkschaftsverbände gesetzt haben, als sie für diesen Tag zum Generalstreik gegen die Wohnungsnot in Turin aufgerufen hatten, um das wachsende Interesse an den Betriebskämpfen bei der FIAT politisch zu kanalisieren und freie Hand bei den anstehenden Tarifverhandlungen zu bekommen. Dies allerdings sollte nicht gelingen.

1. Ereignis und Geschichte
Eine ganze Stadt im Streik, die räumlich-funktionale Trennung von Arbeitsplatz und Wohnviertel war plötzlich außer Kraft gesetzt. Wie verwundert muss erst ein deutscher Leser gewesen sein, möglicherweise die Streiks vom Herbst 1969, die hauptsächlich in der westdeutschen Metallindustrie stattgefunden hatten, noch vor Augen, als er Castellinas oben zitierten »Bericht über Fiat« im folgenden Jahr durch das im Klaus Wagenbach Verlag publizierte *Sozialistische Jahrbuch 2* zu Gesicht bekam. Die Septemberstreiks, sogenannte »wilde Streiks«, durchgeführt ohne gewerkschaftliche Urabstimmung, erreichten nur selten den Rand eines Fabrikgeländes, wie im

Fall des Aufrufs zur Sympathiekundgebung an die Kieler Bevölkerung von Seiten der Howaldtwerftarbeiter (vgl. Schulenburg [Hg.] 1998, 413f), von einem Übersprung der Streikaktivitäten auf die Wohnbevölkerung wie in Turin konnte keine Rede sein. Die Verwunderung des interessierten Lesers hat sicherlich nicht abgenommen, wenn er zu dem ebenfalls 1970 im Münchner Trikont-Verlag erschienenen Buch *Fiat-Streiks* gegriffen hat und in einem dort wiedergegebenen Flugblatt der Arbeiter- und Studentenversammlung in Turin vom 5. Juli 1969 unter der Überschrift »FIAT: Der Kampf geht weiter« nachlesen konnte: »Ein Plakat auf einer Barrikade nannte klar die Bedeutung dieses Kampfes: ›WAS WIR WOLLEN IST: ALLES‹. Heute ist in Italien ein revolutionärer Prozess im Gange, der weiter geht als der ebenfalls sehr bedeutungsvolle französische Mai. Es ist keine spontan improvisierte Bewegung, sondern ein langer Kampf, der Arbeiter und Studenten, Handarbeiter und Techniker fest zusammenschließt, ein Kampf, in dem die Pläne der Kapitalisten ständig durchkreuzt werden. Die Regierung Rumor demissioniert lächerlicherweise zwei Tage nach dem Generalstreik in Turin« (vgl. Rieland [Hg.] 1970, 91). Dies war eine bisher unbekannte, deutliche Sprache, die über jegliche Bündniserwägungen, Sympathie- und Solidaritätsbekundungen hinaus auf ein Gemeinsames verwies und eine neue Orientierung der sozialen Kräfte versprach.

Nanni Balestrinis Buch *Vogliamo tutto*, erstmals 1971 bei Feltrinelli in Mailand veröffentlicht, greift diese Sprache auf. Ein Jahr später erscheint im Münchner Trikont-Verlag die deutsche Übersetzung von Peter Chotjewitz unter dem Titel: *Wir wollen alles. Roman der Fiatkämpfe*. Die Ereignisse, von denen *Wir wollen alles* berichtet, liegen zu diesem Zeitpunkt gerade mal zwei beziehungsweise drei Jahre zurück. Doch die sozialen Kämpfe in Italien haben in diesen wenigen Jahren eine außerordentliche Virulenz erlangt. Die Situation war durch eine eruptive Zunahme von Gewalt gekennzeichnet, einer Gewalt, die in den gesellschaftlichen Strukturen stets präsent war und sich nun politisch äußerte. Den Streiks im Frühsommer '69 folgte der sogenannte »Heiße Herbst«, eine Intensivierung der Streikbewegung, die an den Fabriktoren keineswegs haltmachte, sondern sich dem Turiner Beispiel folgend in die Industrie- und

Universitätsstädte ausdehnte. Von staatlicher Seite wurde nun die »Strategie der Spannung« (*strategia della tensione*) verfolgt. Neben dem zunehmend gewalttätigen Einsatz von Polizeikräften waren mit dieser Strategie terroristische Interventionen der italienischen Geheimdienste und neofaschistischer Gruppen ebenso verbunden wie der verstärkte Rückgriff von Richtern auf die niemals außer Kraft gesetzte faschistische Strafprozessordnung, um die Versammlungs- und Meinungsfreiheit einzuschränken. All diese Maßnahmen waren geeignet, wie Balestrini und Primo Moroni später in dem gemeinsam verfassten Buch *L'orda d'oro* (dt.: *Die goldene Horde*) herausstreichen, »jede Art von Kampf und Konflikt« zu unterbinden (Balestrini/Moroni 2002, 209). Das Buch *Vogliamo tutto* aber endet mit jener »Schlacht vom Corso Traiano« und stellt in diesem Sinn bei Erscheinen bereits die literarische Rekonstruktion eines historischen Ereignisses dar.

Das Datum des 3. Juli 1969 ist als der Beginn eines neuen Zyklus von Klassenkämpfen in Italien zu interpretieren. Wenn hier relativ jungen Organisationen der radikalen Linken wie Potere Operaio oder Lotta Continua eine besondere Rolle zufiel, dann deshalb, weil sie mit als Erste praktisch begriffen haben und in der Theorie zum Ausdruck zu bringen versuchten, dass die fordistischen Trennungen von herrschender Ökonomie und Politik, von Fabrik und Stadt, von Staat und Alltagsleben kaum mehr Bestand haben würden. Bestimmt war dieser Zyklus durch die Aktionen eines sozialen Protagonisten, dessen historisches Auftreten in der westdeutschen Linken trotz eines verstärkten Interesses an den sozialen Kämpfen und der entsprechenden Theoriebildung in Italien zu Beginn der 1970er Jahre – die Publikationen in den bereits erwähnten Verlagen Trikont und Wagenbach, auch im Merve Verlag sowie nicht zuletzt die Beiträge im *Kursbuch 26* vom Dezember 1971 mit dem Titel »Die Klassenkämpfe in Italien« geben Aufschluss über dieses Interesse – zumeist unbegriffen geblieben ist.

Anlässlich der zweiten Auflage der Übersetzung von *Vogliamo tutto* stellt der Autor 2003 einleitend fest: »*Wir wollen alles* hatte sich vorgenommen, die Geschichte des italienischen Massenarbeiters zu schreiben, eine nunmehr weit zurückliegende

Geschichte, die sich Ende der 60er Jahre des vergangenen Jahrhunderts abgespielt hat« (Balestrini 2003b, 7). Erzählt wird der Weg eines jungen Arbeiters aus der Gegend um Salerno nach Turin in die Fabrik, seine Haltung zur Fabrikdisziplin und seine Beteiligung an den Betriebskämpfen bei FIAT-Mirafiori im Frühsommer '69. Angesichts der Entwicklung der kapitalistischen Produktionsweise in den zurückliegenden mehr als 35 Jahren, aufgrund der Auflösung und Zerstreuung oder Verlagerung der Fabrik, der Dominanz der immateriellen Arbeit über alle Formen der Verausgabung menschlicher Arbeitskraft sowie der Informatisierung, Automatisierung und Roboterisierung der Produktion scheint die hier erzählte Geschichte, wie der Autor ja auch nahelegt, tatsächlich nur noch von historischem Interesse. In einer Gesellschaft, in der die Herrschenden, wie Marx und Engels im *Kommunistischen Manifest* sagen, nicht existieren können, ohne »sämtliche gesellschaftliche Verhältnisse fortwährend zu revolutionieren« (MEW 4, 465), liegt es auf der Hand, dass auch die sozialen Kämpfe ihren Charakter grundlegend verändert haben und mithin die Figur des Massenarbeiters (*operaio-massa*), wie sie in der historischen Konjunktur der Fabrikstreiks und des Kampfes um die Städte aufgetreten war, definitiv verschwunden ist.

Wie ungezählte andere literarische Werke wäre damit also der literarische Text *Wir wollen alles* zum Bestandsstück einer Literatur geworden, die nicht mehr, aber auch nicht weniger als ein Archiv der historischen Subjektformen, hier also der des italienischen Massenarbeiters, bereithält. Doch wenn man den literarischen Text nicht nur auf die zweifellos historisch gewordene Form der jeweiligen *Subjektposition*, auf die soziale Position des Massenarbeiters im Klassenkampf jener Zeit, sondern auch auf die literarisch dargestellte Form der *Subjektivierung*, auf den Modus ihres Sichtbarwerdens, hin untersucht, so wird möglicherweise gerade in der Spannung von literarischer Produktion und dargestellter, oder besser, archivierter historischer Subjektform ein Mechanismus, eine Funktionsweise oder eine Existenzbedingung von Subjektivität erkennbar, die heute noch und heute erneut die Aufmerksamkeit auf sich zu ziehen vermögen.

2. Mythos FIAT

»Jetzt war auch mit dem Mythos FIAT Schluss«, heißt es an einer Textstelle knapp. Er habe nun erkannt, so teilt der Ich-Erzähler mit, »dass die FIAT-Arbeit eine Arbeit war wie jede andere« (Balestrini 2003a, 89). Zuvor schon hatte der Erzähler sich an der Agitation vor der Fabrik beteiligt und seine Haltung dort mit folgenden Worten zu verstehen gegeben: »Man hat uns glauben gemacht, die FIAT sei das versprochene Paradies, Kalifornien, wo wir in Sicherheit sind. Ich habe alles gemacht, Genossen, alle Berufe, Maurer, Tellerwäscher und Verladearbeiter. Ich habe schon alles mal mitgemacht, aber die größte Scheiße ist wirklich die FIAT. Als ich zur FIAT kam, dachte ich, jetzt wäre ich gerettet. Dieser Mythos der FIAT und der FIAT-Arbeiter. In Wirklichkeit ist es dieselbe Scheiße, wie alle anderen Arbeiten auch, nur noch schlimmer« (Balestrini 2003a, 67).

Diese Aussagen bewegen sich ganz im Rahmen dessen, was ich oben als Subjektposition charakterisiert habe. Die Entmythologisierung des FIAT-Mythos findet mithin im Horizont eigener Lebenserfahrungen statt. Sie bedarf keines agitatorischen Anstoßes von außen, von avantgardistischen Gruppen wie Potere Operaio oder Lotta Continua oder von den Organisationen der offiziellen, parteiförmig organisierten Arbeiterbewegung, seien es Sozialisten oder Kommunisten, die in Italien über ihre jeweils eigenen Gewerkschaftsverbände verfügten. Vielmehr vollzieht das Subjekt Massenarbeiter selbstständig diese Zerstörung des Mythos, indem es sich in den Klassenkämpfen positioniert.

Diese heute historisch gewordene Subjektposition hat Romano Alquati unter dem Titel »Documenti sulla lotta di classe alla FIAT« bereits im ersten Heft der *Quaderni rossi* verzeichnet. Das Heft war im Herbst 1961 erschienen und markierte den Beginn einer weitreichenden theoretischen Neuorientierung innerhalb der italienischen Linken, die später unter dem Namen »Operaismus« firmierte. Hier hat Alquati den »Zusammenbruch der FIAT-Mythen« sowohl bei den jungen Technikern und qualifizierten Arbeitern als auch bei den zahlreichen »Maschinen- und Montagearbeitern«, den jungen Lohnarbeitern der dritten Kategorie, die später als Massenarbeiter bezeichnet wurden, zum Ausgangspunkt seiner Analyse der Klassengesellschaft gemacht. Die Massenarbeiter haben sich – zumeist aus dem Süden, dem sogenannten *mezzogiorno*, aus den Regionen Abruzzen, Molise, Kampanien, Apulien, Basilikata, Kalabrien, Sizilien oder Sardinien kommend – mit dem »großen Mythos des ›Arbeiterparadieses‹, der guten Versorgung und der Karrieremöglichkeiten« im Kopf bei der FIAT einstellen lassen, um dann aber bald zu merken, dass die sie zunächst beeindruckenden »paternalistischen Polit-Predigten der ersten Tage«, wie Alquati schreibt, leere Versprechungen waren, dass eine höhere Lohnkategorie sich als unerreichbar erwies und – mehr noch – dass das »Produktionssystem der FIAT ein Bluff« darstellte. Alquati spricht die Entmythologisierung als »subjektive Aspekte« einer neuen Zusammensetzung der Arbeiterklasse an, insbesondere die »Maschinen- und Montagearbeiter« haben »sich für FIAT deklassiert«. Diese Erfahrung entspreche aber einer »objektiven Situation«, in der – entgegen den hierarchischen Kategorisierungen der Arbeitskräfte – eine technologische Nivellierung stattfinde. Ist die Fabrik, der soziale Ort der Ausbeutung, mithin FIAT als das größte Industrieunternehmen Italiens und die Fabriken in Turin als Orte höchster Konzentration der Massenarbeiter, die zentrale Instanz der Neuzusammensetzung der Klasse, so werden nach der Analyse Alquatis 1961 die Hierarchisierungen innerhalb wie außerhalb der Fabrik zum direkten politischen Angriffsziel insbesondere der neuen, jungen Arbeitskräfte, die noch nicht resigniert haben (Alquati 1974, 75ff).

Was Alquati noch vorsichtig argumentierend aus der Beschreibung des empirisch feststellbaren Bewusstseins und der Analyse der objektiven Klassensituation hervortreten lässt, wird in den folgenden Jahren zum theoretischen Kernpunkt der italienischen Neuen Linken. Den Hierarchien innerhalb und außerhalb der Fabrik die Anerkennung zu verweigern, bedeutet den politischen Kampf gegen die Zentralität der Fabrik im gesellschaftlichen Leben zu führen. Im Frühjahr 1962 erscheint in der zweiten Nummer der *Quaderni Rossi* der programmatische Artikel »La fabbrica e la società« von Mario Tronti, in dem diese Orientierung eine theoretische Fundierung gefunden hat. »Auf dem höchsten Stand der kapitalistischen Entwicklung«, so heißt es, »wird das gesellschaftliche Verhältnis ein Moment des

Produktionsverhältnisses, die ganze Gesellschaft Ursache und Äußerung der Produktion, d.h. die gesamte Gesellschaft lebt als Funktion der Fabrik und die Fabrik dehnt ihre ausschließliche Herrschaft auf die ganze Gesellschaft aus« (Tronti 1974, 31). Für Tronti birgt der »wissenschaftliche Begriff der Fabrik« denn auch konsequenterweise das umfassende Verständnis der gegenwärtigen kapitalistischen Gesellschaft wie des Wegs zu ihrer Zerstörung. Die Fabrik als eine die Totalität der gesellschaftlichen Beziehungen bündelnde Instanz wird zum entscheidenden Anknüpfungspunkt theoretischer Reflexion wie subversiver Praxis (Tronti 1974, 39).

Von dieser Zentralität der Fabrik geht auch Balestrinis Bericht eines Ich-Erzählers aus, doch die Fabrik wird hier zum Filter der Migration, insbesondere der italienischen Binnenmigration. Der Ich-Erzähler in *Vogliamo tutto* ist als Repräsentant der Massenarbeiter, dieser relativ neuen politischen Kraft anzusehen. In dieser sozialen Figur schneiden sich die Probleme des *mezzogiorno* mit denen der Organisation durch die Fabrik. Balestrinis Bericht setzt deshalb mit der Beschreibung der Lebenssituation im Süden ein. Sein Protagonist, Sohn eines Gelegenheitsarbeiters, drückt das Selbstbewusstsein einer neuen Generation aus: »Ich will alles, was mir zusteht. Nicht mehr und nicht weniger, mit mir scherzt man nicht« (Balestrini 2003a, 23). So tritt er von Beginn an seinen Chefs entgegen.

Die ersten vier Kapitel – die italienische Ausgabe weist im Unterschied zur deutschen die einzelnen Erzählstationen als Kapitel aus – zeigen die ungleichmäßige Entwicklung von Süden und Norden, indem der Ich-Erzähler zwischen der Suche nach Existenzmöglichkeiten im Süden, hier durchläuft er verschiedene Ausbildungsgänge und Arbeitsstationen, ohne dass sich seine Lebensverhältnisse merklich verbessern, oder der Migration noch unentschieden bleibt. Nach der Entscheidung, den Süden zu verlassen, findet sich der Erzähler aber auch im Norden – zunächst in Mailand – an verschiedenen Arbeitsplätzen und in verschiedenen Jobs wieder, bevor ihn schließlich die eigene miserable finanzielle Situation zur FIAT nach Turin treibt, besser: dorthin presst und zieht.

Im Erfahrungshorizont des Massenarbeiters transformiert sich die Gegensätzlichkeit von südlicher und nördlicher

Lebensweise: Die »Sitten im Dorf« verlieren ihre Gültigkeit; Bluejeans, »richtige Nickis aus dem Geschäft«, eine Lambretta, Schallplatten und Plattenspieler, »Rock 'n' Roll, Rhythm 'n' Blues, all dieses Zeug« ziehen die Jungen an. Sie entdecken die »Bedeutung des Geldes« (Balestrini 2003a, 26f) und die beginnende »Industrialisierung« des Südens untergräbt zusätzlich die ländliche Lebensweise. »Autos sah man, Kühlschränke und Fernseher in den Häusern« (Balestrini 2003a, 31). Neue Bedürfnisse befördern die Migration. Doch die »reine Verherrlichung des Nordens« (Balestrini 2003a, 38), wie sie durch den Typ des Migranten verkörpert ist, der mit seinen neuen städtischen Konsumgewohnheiten auf Urlaub in den Süden zurückkehrt, kann nicht mehr uneingeschränkt funktionieren. Im Norden angekommen, tritt an die Stelle des Gegensatzes von Stadt und Land eine neue Widersprüchlichkeit. »Für mich, der ich in der Provinz geboren war, in einem Dorf«, so bekennt der Ich-Erzähler, »war die Stadt die Quelle aller Erfahrungen« (Balestrini 2003a, 41).

Die Massenarbeiter sind im Unterschied zur traditionellen industriellen Arbeiterklasse jedoch nicht in das politische System Nachkriegsitaliens eingebunden, weder in die Sozialistische noch in die Kommunistische Partei. Die Massen des Südens sind auch nicht länger durch ein hierarchisches System von Intellektuellen städtischen und ländlichen Typs, bis zum Dorfpfarrer und Dorflehrer auf der untersten Sprosse, geführt und damit dem Norden unterworfen, wie Antonio Gramsci es analysierte und dessen Entstehung er von den 1920er Jahren bis ins 19. Jahrhundert zurückverfolgte (vgl. Gramsci 1932). Das ist die eine Seite.

Auf der anderen steht die Erfahrung der Entwürdigung und Demütigung in der Fabrik: Fließband und Akkord konditionieren für »Arbeitsvorgänge, die die Muskeln und das Auge sofort und ganz von alleine machen mussten, ohne dass ich irgendwas zu überlegen brauchte« (Balestrini 2003a, 57). Der Stadt als Quelle der Erfahrungen steht die Fabrik gegenüber: »Der Mensch in der Fabrik entwickelt sich zurück und verhält sich ganz automatisch, wie ein Tier« (Balestrini 2003a, 69). Aus diesem Gegensatz von Stadt und Fabrik erklärt sich die »Schlacht vom Corso Traiano« ebenso wie die politische Orientierung der Kämpfe nach 1969. Balestrini nun beschreibt, wie die Massenarbeiter aus dem Süden auch mit den Parolen der radikalen Linken, die sie vor den Fabriktoren zu hören bekommen, zunächst nichts anfangen können. »Vor der FIAT«, so muss der Ich-Erzähler feststellen, »war ich politisch eine Null. Jetzt sah ich, wie die Studenten vor der FIAT ihre Flugblätter verteilten. Wie sie mit den Arbeitern sprechen wollten. Das kam mir seltsam vor. … Und was sie sagten, interessierte mich überhaupt nicht« (Balestrini 2003a, 51). Und noch als der Erzähler sich an einer Demonstration innerhalb der Fabrik beteiligt, ruft auch er Parolen, die »mit der FIAT einen Scheißdreck zu tun« (Balestrini 2003a, 71) haben. Aber diese Demonstrationen werden schließlich zum entscheidenden Moment der Konstitution der neuen Subjektposition, von der aus sich politische Ziele artikulieren und präzisieren lassen: »Kreuz und quer laufen wir durch die Bänder, und dabei schreien wir alle im Chor: Mehr Geld, weniger Arbeit. Oder: Wir wollen alles! Immer die Bänder auf und ab und dabei machen wir Versammlungen« (Balestrini 2003a, 74).

Mit dem nun beginnenden Kampf gegen die Arbeit ist die neue Subjektposition klar umrissen. Der Zusammenbruch des FIAT-Mythos zeigt sich vor allem in der Missachtung der Fabrikdisziplin und mehr noch, er bedeutet das Ende des Mythos industrieller Arbeit und einer technologischen Rationalität, die fortwährend behauptet, durch Arbeit könne jeder und jede am gesellschaftlichen Reichtum partizipieren. Dagegen bildet sich eine neue Kollektivität heraus. Im siebten Kapitel von *Vogliamo tutto* unter der Überschrift »Die Genossen« (*I compagni*) vollzieht die Erzählstrategie eine signifikante Wendung: An die Stelle des Ich-Erzählers tritt das »Wir« eines kämpfenden Kollektivs; der »Monolog eines jungen Proletariers aus dem Süden« (so Giuliano Gramigna, vgl. Balestrini 1988, 23) wird unterbrochen, die Stimme des Ich-Erzählers, die den Text bisher monologisch beherrschte, wird zu einer Stimme unter vielen. Wie im neunten Kapitel mit der Überschrift »Die Versammlung« (*L'assemblea*) demonstriert wird, findet diese einzelne Stimme: »Genossen, ich bin aus Salerno« (Balestrini 2003a, 128), nun ihren Platz in der Vielstimmigkeit der *operai-studenti*, so die Selbstbezeichnung des Zusammenschlusses von proletarischen und studentischen Aktivisten in Turin. Mit dieser Bemerkung verlässt man allerdings bereits die Ebene der historisch verorteten Subjektposition und wirft die Frage nach der Subjektivierung, nach dem Modus des Sichtbarwerdens dieser Subjektposition auf.

3. Kommunikation sozialer Kämpfe

Im bürgerlichen Zeitalter beantwortete die Literatur die Frage nach der Subjektivierung mittels des Romans. Am bürgerlichen Romanhelden vollzieht sich im Unterschied zum Heros der epischen Tradition eine Entwicklung des Charakters, in der individuelles Streben und gesellschaftliche Umstände, also eine Dialektik von Individuum und Gesellschaft im Rahmen einer dem Leben analogen Fiktion ausgebreitet und ausagiert werden. Auf unnachahmliche Weise hat Hegel die Subjektposition des Bürgers als den Endpunkt solcher Entwicklung dadurch gekennzeichnet, »dass sich das Subjekt die Hörner abläuft, mit seinem Wünschen und Meinen sich in die bestehenden Verhältnisse und die Vernünftigkeit derselben hineinbildet, in die Verkettung der Welt eintritt und in ihr sich einen angemessenen Standpunkt erwirbt« (Hegel 1970, 220).

Welche Kämpfe und Konflikte der bürgerliche Held auch immer auszutragen hat, der Roman demonstriert, mal mehr in der Psychologie des Protagonisten, mal mehr in den gesellschaftlichen Bedingungen seiner Existenzweise begründet, dessen Verwandlung vom Abenteurer zum »Philister« (Hegel), der sich mit der bestehenden bürgerlichen Gesellschaft, mit Staat und Familie, mit seinen umgrenzten Geschäften und Interessen darin zufrieden gibt. Diese Verwandlung präsentiert sich in der »biografischen Form«, weil dieses Gestaltungsprinzip es ermöglicht, die »Grenzenlosigkeit des Romanstoffes«, die unbeherrschbare Verästelung der menschlichen Psychologie und die unkontrollierbaren Potentiale menschlichen Zusammenlebens, das »problematische Individuum« und die »kontingente Welt« zu reduzieren, in bestimmte Bahnen zu lenken und somit die »Überwindung der schlechten Unendlichkeit« zu garantieren (Lukács 1920, 75f). Die biographische Form liefert hier also den Modus, in dem die klassenbedingte Subjektposition, die bürgerliche Persönlichkeit sichtbar gemacht wird. Ihr

Funktionsmechanismus aber ist eine Dialektik von Individuum und Gesellschaft, vermittels derer die bürgerliche Subjektivität reguliert ist.

Allein das Auftreten des Arbeiters in der Romanliteratur des 19. Jahrhunderts, etwa im französischen Gesellschaftsroman, macht bereits deutlich, dass die Gesellschaft nicht länger als ein Geflecht von Biografien diverser diskreter Figuren zu entwerfen war. Die Arbeiter werden daher in einer Mischung aus sozialer und ästhetischer Wertung als Asoziale ausgegrenzt oder ins Animalische abgedrängt, was eine gewisse Faszination für Elend, Armut und Kriminalität nicht ausschließt (vgl. Bogdal 1978, 47ff). Doch diese Faszination, die den die bürgerliche Sekurität störenden Elementen gilt, ist mehr von eigenen Projektionen auf die unteren Klassen, denn von den Resultaten seriöser Recherche und Analyse der gesellschaftlichen Verhältnisse gespeist. Selbst Émile Zolas Roman *Germinal* von 1884, in dem der Autor »zum ersten Mal nicht Personen zeigt, die Arbeiter sind, sondern die Arbeiter, das Proletariat schlechthin« (Heist 1974, 65), registriert die dargestellten Kämpfe der Bergarbeiter nicht als Kampf um eine neue Subjektposition. Die Revolte wird vielmehr von einer amorphen Masse getragen, die leicht manipulierbar und kaum in Ansätzen organisierbar erscheint.

Die Krise des Romans, die seit dem Beginn des 20. Jahrhunderts vielfach diagnostiziert wurde und die auch die Ablehnung des naturalistischen Gesellschaftsromans betraf, koinzidiert nicht zufällig mit den Massenstreiks und den sich verstärkenden Tendenzen zur proletarischen Revolution zwischen 1905 und 1920. Alle bisherigen Versuche – zu denken ist etwa an die proletarisch-revolutionären Romane der ausgehenden 1920er und der 1930er Jahre –, die Existenzbedingungen des Proletariats in der biografischen Form des Romans zu erzählen, sind nicht zuletzt daran gescheitert, dass hier die Dialektik von Individuum und Gesellschaft nicht länger funktioniert. Die Kämpfe und Konflikte des Proletariats sind im Unterschied zu denen des Bürgers keine mehr um den angemessenen individuellen Standpunkt innerhalb der bestehenden Gesellschaft, als deren Surrogat sich auch nicht der richtige Parteistandpunkt verkaufen ließ, sondern solche um eine neue Kollektivität, emphatisch ausgedrückt, um die Konstitution der proletarischen Klasse selbst. Der Proletarier ist eben nicht als Figur darstellbar, die in einem persönlichen Konflikt mit dem Bourgeois steht; er ist weder Knecht noch Diener des Kapitals, sondern seine Existenz ist notwendige gesellschaftliche Bedingung der Kapitalakkumulation.

Vor dem Hintergrund solcher Aspekte aus der Theorie und Tradition der bürgerlichen Romanliteratur ist es erstaunlich, dass Balestrinis *Vogliamo tutto* in den ersten Rezensionen nach dem Erscheinen sogleich als »*un romanzo*« klassifiziert (so Mario Spinella in *Rinascita* vom 26. November 1971, vgl. Balestrini 1988, 22) und der deutschen Übersetzung – im Unterschied zur italienischen Ausgabe – der Untertitel »Roman der Fiatkämpfe« beigegeben wurde (Balestrini 1972, 2003a). Auch der Autor selbst hat im Rückblick auf das eigene Ansinnen diese Zuordnung zur literarischen Gattung des Romans bestätigt, indem er feststellt, er habe die »Form des Romans« gewählt, »nicht um der Fantasie freien Lauf zu lassen, sondern weil dies die Möglichkeit gab, das Verhalten einer ganzen Schicht in den Erfahrungen einer einzigen Person gebündelt darzustellen«. Und er fügt hinzu: »Es ging darum, eine kollektive Persönlichkeit zu zeichnen, in der sich die Hauptfigur des großen Kampfzyklus jener Jahre verkörperte, die mit neuen Charakteristika, neuen Zielen und neuen Kampfformen die historische Bühne betreten hatte« (Balestrini 2003b, 7). Um dieses Auftreten des Massenarbeiters, also die oben als Subjektposition bestimmte, historische Existenzweise des Proletariats literarisch zu konturieren, dient Balestrini hier die paradoxe Formulierung von der »kollektiven Persönlichkeit« – und in seinem allgemeinen Ablauf scheint das erzählte Geschehen ihr zunächst zu entsprechen. Beide Momente, die Form der Biografie des jungen Proletariers aus dem Süden und dann während der Fabrikkämpfe der Wandel vom »Ich« zum »Wir«, vom individuellen zum kollektiven Subjekt, fügen sich zu einer Romanhandlung, in der die »individuelle Geschichte«, wie der Autor sagt, »zur kollektiven Geschichte der Arbeiterklasse« wird (Balestrini 2003b, 8).

Allerdings verweist der Text *Vogliamo tutto* auf einen anderen historischen Traditionszusammenhang, als ihn die Kanonisierung in der Romanform nahelegt. Gemeint sind die

Experimente der historischen Avantgarden, insbesondere der russischen Futuristen in den 1920er Jahren, der »Linken Front der Künste« (LEF) mit Arvatov, Brik, Majakowski, Tretjakow und anderen, die nach den Worten Majakowskis »entschieden gegen den althergebrachen Kunstbetrieb ist«, indem sie die »alte Kultur« als »Lehrbehelf für den heutigen Tag auswerten« hilft, und für die »formale Revolutionierung der Literatur« eintritt (Majakowski 1973, 241). Unter diesen beiden Zielsetzungen findet in der frühen Sowjetunion auch die Kritik des Romans statt, die sich nicht nur auf die zeitgenössische Romanliteratur bezog, sondern auch die Romane von Tolstoi und Dostojewski einer erneuten Kritik unterzog.

Ohne hier die Kontroversen und Debatten in der sowjetischen Literaturpolitik der 1920er Jahre auch nur skizzenhaft nachvollziehen zu wollen, kann doch gesagt werden, dass Sergei Tretjakow in dieser Kritik am rigorosesten vorgegangen ist, wenn er die Zeitung zum »Epos« der Gegenwart erklärt (Tretjakov 1972, 96). Er entwickelt das Konzept einer operativen Literatur, deren Aufgabe es sei, »das Leben nicht bloß abzubilden, sondern es zugleich neu zu bilden« (Tretjakow 1931, 23). Bereits 1923 in der ersten Nummer der Zeitschrift LEF formuliert Tretjakow in dem Beitrag »Woher und wohin? Perspektiven des Futurismus« die grundlegende These: »Nicht die Erzählung über Menschen, sondern lebendige Worte in der lebendigen Kommunikation der Menschen – das ist der neue Anwendungsbereich der Sprachkunst« (Tretjakow 1923, 87).

Die »Wiederentdeckung« Tretjakows und seiner operativen Methode Mitte der 1960er Jahre (Mierau 1976) hängt nicht zuletzt mit der posthumen Veröffentlichung von Walter Benjamins Aufsatz »Der Autor als Produzent« zusammen, 1965 in dem von Rolf Tiedemann in der Edition Suhrkamp herausgegeben Band *Versuche über Brecht* und 1969 in Palermo auf Italienisch unter dem Titel *L'autore come produttore* in der Zeitschrift *Il Tropico. Materiali di azione e di ricerca d'avantguardia* (Brodersen 1984, 52). In diesem 1934 als Vortrag konzipierten Aufsatz hat Benjamin Tretjakows schriftstellerische Tätigkeit neben dem epischen Theater von Brecht als modellhaft für eine gegenwärtige und künftige literarische Produktion hervorgehoben, sofern sie sich die Aufgabe vorhält, die »richtige politische

Tendenz« mit der »fortgeschrittenen literarischen Technik« zu verbinden (Benjamin 1977, 686). Offensichtlich hat Balestrini sich diese oder zumindest eine ähnliche Aufgabe gut 35 Jahre später erneut gestellt.

Einige Parallelen zu Tretjakows literarischer Technik springen dabei ins Auge. Dies gilt an erster Stelle für den literarischen Umgang mit einer Lebensgeschichte, also der hier vorliegenden biografischen Darstellungsweise. Mit seinem Bericht *Den Schi-Chua. Ein junger Chinese erzählt sein Leben* hat Tretjakow das erzählerische Konzept des »Bio-Interviews« geprägt. Das Buch kam dem wachsenden Interesse an den chinesischen politischen Verhältnisse in der frühen Sowjetunion, vor allem nach der Niederschlagung des kommunistischen Aufstandes von Shanghai durch die Guomindang 1927, entgegen, machte es sich aber zur Aufgabe, jedem Exotismus und jeder romantisierenden Vorstellung einer kommenden chinesischen Revolution entgegenzutreten. Die chinesische Geschichte ist im Horizont der Erfahrungen Den Schi-Chuas, eines jungen Intellektuellen, nachgezeichnet, der »kein Kommunist«, sondern Anhänger der Guomindang war, aber in dessen »Generation«, wie Tretjakow betont, die »soziale Energie der führenden Klassen des alten China« zerbreche (Tretjakow 1932, 10). Das Bio-Interview dient Tretjakow als dokumentarisches Verfahren, diese Krise der chinesischen Intelligenz begreiflich zu machen, wobei der Autor sich nicht als Beobachter, sondern als »Konstrukteur« des Textes versteht, der den Interviewten in wechselnden Perspektiven begleitet. Im Vorwort notiert der Autor: »Das Buch *Den Schi-Chua* haben zwei Menschen gemacht: Den Schi-Chua selbst hat den Rohstoff der Tatsachen geliefert und ich habe sie ohne Entstellung gestaltet. … Ein halbes Jahr lang unterhielten wir uns täglich vier bis sechs Stunden. Er stellte mir freigiebig die Tiefen seines wunderbaren Gedächtnisses zur Verfügung. Ich wühlte darin herum wie ein Bergmann. Ich war abwechselnd Untersuchungsrichter, Vertrauensmann, Interviewer, Gesprächspartner und Psychoanalytiker« (Tretjakow 1932, 9).

Balestrini hat dieses Verfahren aktualisiert. Auch bei Balestrini stützt sich das Bio-Interview auf das authentische Material einer wirklichen Lebensgeschichte: Die Widmung »A Alfonso«, die der italienischen Ausgabe vorangestellt ist, in der deutschen aber fehlt, deutet dies nur an, offenkundig hat Balestrini jedoch bis in den Wortlaut hinein Aussagen von Alfonso Natella, einem Arbeiter aus der Gegend um Salerno, der kurzzeitig bei der FIAT-Mirafiori beschäftigt war, übernommen und wiedergegeben (so Luciana Castellina in *Il Manifesto* vom 21. November 1971, in: Balestrini 1988, 25, dann auch: Viale 1979, 100; Wright 2002, 121). Die strikt dokumentarische Vorgehensweise, die er hierbei anwendet, sowie die antipsychologische Haltung, in der die Geschichte erzählt ist, ermöglichen es im Rahmen eines Bio-Interviews die Subjektposition des Massenarbeiters aus dem *mezzogiorno* anhand dessen Gedächtnisses selbst zu rekonstruieren und damit sichtbar zu machen, ohne der Sentimentalität zu verfallen, in der später etwa Tommaso Di Ciaula in dem autobiografischen Bericht *Tuta blu* (dt. *Der Fabrikaffe und die Bäume*) sein »noch unberührtes Dorf« schildert (Di Ciaula 1979, 49).

Wie bei Tretjakow auch ist die Lebensgeschichte in einer Retrospektive des Ich-Erzählers dargestellt. Gleich zu Beginn, wenn der Ich-Erzähler erstmals explizit in Erscheinung tritt, wird diese Erzählperspektive an der Transformation des *mezzogiorno* vom Agrargebiet zum Reservoir der industriellen Migration und der Herausbildung des Massenarbeiters deutlich. »Früher«, so sagt der Ich-Erzähler hier, »habe ich diese Sachen nicht gewusst. Ich habe sie erst in der Diskussion mit den Genossen gelernt« (Balestrini 2003a, 13). Auch die wiederkehrenden Hinweise auf die Ereignisse vom Corso Traiano am 3. Juli (Balestrini 2003a, 95, 101) als Vorgriffe auf das Ende des Berichts machen der Leserin und dem Leser klar, dass die erzählte Zeit und die Zeit des Erzählers auseinanderfallen und so dem Charakter eines Interviews, der Befragung eines Zeitzeugen, entsprechen. An anderen Materialien, etwa der Umfrage, die Potere Operaio, deren Mitbegründer Balestrini war, im April 1969 unter jungen Arbeitern bei der FIAT durchgeführt hat (vgl. Rieland [Hg.] 1970, 4ff), lassen sich die Haltungen, die Einstellungen und Auffassungen nachprüfen, wie sie den Befragten und dem Protagonisten in *Vogliamo tutto* gemeinsam sind. Es handelt sich bei *Vogliamo tutto* also mehr um die intellektuelle Rekapitulation eines migrantischen Lebenswegs als um die zum Nacherleben erzählte Geschichte des Massenarbeiters, wie sie einer emotional ansprechenden Romanhandlung adäquat wäre.

Dieser Eindruck wird schließlich noch dadurch verstärkt, dass der erzählende Bericht über den Lebensweg des Arbeiters aus dem Süden abbricht und der Text mit einer Chronologie der Ereignisse bei der FIAT-Mirafiori und in Turin fortfährt. Im sechsten Kapitel unter dem Titel »Il salario« (Der Lohn), mit dem nach der italienischen Ausgabe der als solcher gekennzeichnete zweite Teil von *Vogliamo tutto* beginnt, also etwa in der Mitte des Buchs, setzt diese Chronologie nach einem Traktat über das Lohnsystem bei der FIAT mit dem Datum: Montag, den 19. Mai 1969 (Balestrini 2003a, 78, 82), ein und endet mit dem 3. Juli. Während in Tretjakows *Den Schi-Chua* der Ich-Erzähler am Ende, im Jahr 1927, in den Wirren der Revolutionskämpfe und der Niederlage der Kommunisten verschwindet, geht Balestrinis Protagonist, wie bereits oben ausgeführt, in der Kollektivität der streikenden und kämpfenden *operai-studenti* auf. Die im Bio-Interview konstituierte Subjektivität des Massenarbeiters erhält hiermit eine neue Dimension. Sie ist keine persönliche Geschichte eines Protagonisten mehr, keine individuelle Geschichte, aber auch nicht einfach die kollektive Geschichte einer vordefinierten sozialen Klasse, sondern die Existenzbedingung der dargestellten Subjektivität liegt in den sozialen Kämpfen und nur in ihnen begründet. Im Wechsel vom Bio-Interview zur Chronologie der Ereignisse schlägt der Autor nicht als Erfinder einer Geschichte, sondern als Konstrukteur des Textes eine neue Richtung ein. Im Zentrum steht nun die Kommunikation sozialer Kämpfe, ohne die Subjektivitäten im Kollektiv verlöschen zu lassen. Nach den vehementen Straßenkämpfen vom 3. auf den 4. Juli heißt es lakonisch: »Wir waren todsterbensmüde und total am Ende. Momentan war es genug. Wir stiegen hinunter und gingen nach Hause« (Balestrini 2003a, 146).

4. Autonomie und Organisation

Balestrini wiederholt nicht einfach die Gesten der historischen Avantgarde. Fokussiert auf die soziale Gewalt der Institutionen wie der Akteure hat er die Verfahren erweitert. In *La violenza illustrata* von 1976 etwa konfrontiert er den kämpferischen Bericht über die Fabrikbesetzung bei FIAT-Mirafiori und die

Auseinandersetzungen mit den Streikbrechern durch harte Montageschnitte mit der romanhaften Geschichte eines Ehepaars, dessen Protagonisten Maria und Giovanni »keine klare Vorstellung von der Institution der Familie oder der Ehe« haben und sich »in ihre regionale Ehre« verstricken, so dass sie isoliert und ereignislos ihr Leben verbringen (Balestrini 1976, 102f.; Balestrini 1991, 71). Und er baut diese Verfahren konsequent zur sozialen Recherche aus, wie etwa in *I furiosi* von 1994, dem Bericht über die Fußballfans und Hooligans des AC Milan, der Dantes Algebra folgend in elf Gesängen deren Selbstzeugnisse präsentiert (Balestrini 1995). Doch schon in *Vogliamo tutto* ist auch ein Abstand zu den russischen Futuristen deutlich.

Majakowskis kunstpolitische LEF-Parole zum 10. Jahrestag der russischen Revolution: »Weniger Verbände schönfärberischer Pinsler! Und dafür mehr Industrialisierung!« (Majakowski 1973, 280) konnte 40 Jahre später nur noch in ihrem ersten Teil Gültigkeit beanspruchen. Und Tretjakov hatte in den Auseinandersetzungen um die kulturpolitische Linie seine eigene schriftstellerische Tätigkeit entgegen allen Forderungen nach Elastizität derart personalisiert, dass er sich schließlich in eine Sackgasse manövrierte. »Im Namen von Operativität und Mobilität«, so kommentiert Fritz Mierau Tretjakows Vorgehen denn auch treffend, »wurde Unbeweglichkeit verkündet« (Mierau 1976, 81). Wenn Balestrini zu Beginn der 1970er Jahre denen der LEF analoge Verfahren nutzt, um die Subjektposition des Massenarbeiters sichtbar zu machen, muss er die Beweglichkeit zurückgewinnen, zugleich aber mit zwei zentralen Aspekten der historischen, insbesondere der russischen Avantgarde brechen.

Der erste Aspekt betrifft die modernisierungstheoretische Position einer durch die industrielle Arbeiterklasse forcierten postrevolutionären Entwicklung der Produktivität, mit anderen Worten, den Bruch mit dem industriellen Paradigma der Ökonomie. Im *biennio rosso*, den zwei roten Jahren von 1919 und 1920, galt es nach den Vorstellungen der Gruppe um die Zeitschrift *Ordine Nuovo* in Turin die »industrielle Macht« der Arbeiterklasse auszudehnen, indem die Fabrikräte als »Klasseninstitution« die Aneignung der industriellen Produktion organisieren (Gramsci 1967, 41, 66f). Und auch den »armen

Bauern« wird im Rahmen einer kommunistischen Revolution, die Gramsci damals ganz in Analogie zur russischen Revolution denkt, die »industrielle Umwandlung der Landwirtschaft« versprochen (Gramsci 1967, 37). Der Fabrikrat ist in Gramscis Augen die organisierte Autonomie der Produzenten auf industriellem Gebiet. Fünfzig Jahre später infolge der historischen Niederlage der radikalen Arbeiterbewegung drückt sich die Autonomie nicht mehr in dem Verlangen nach einer Aneignung der industriellen Produktion aus, sondern, wie es in *Vogliamo tutto* heißt, im »Kampf gegen die Verquickung von Lohn und Produktion«; Forderungen nach einem »Grundlohn« oder einem »garantierten Lohn« (Balestrini 2003a, 78, 81, 84) richten sich gegen das gesamte Lohnsystem und zielen auf die Entkopplung von Produktivitätsentwicklung und Entlohnung. Gegenüber dem Primat der Produktivität artikuliert sich im Kampf der Massenarbeiter ein Primat der Bedürfnisse: »Wir wollen alles. Allen Wohlstand, alle Macht und keine Arbeit. Was geht uns die Arbeit an. ... Alle unsere endlosen Bedürfnisse kamen in den Versammlungen als ganz konkrete Kampfziele zum Ausdruck« (Balestrini 2003a, 99).

Mit dem Kampf gegen die Arbeit ist auch der zweite Aspekt verbunden: die Autonomie gegenüber Partei und Gewerkschaft, also gegenüber jeder Organisation, die als »Instrument zur politischen Kontrolle über die Arbeiterklasse« (Balestrini 2003a, 81) angesehen werden kann, indem sie die Klasse auf die herrschaftlich vorgegebenen Produktionsziele verpflichtet. Mit anderen Worten: Die eigenen Zielsetzungen sind der Produktivitätsentwicklung untergeordnet. Ganz anders die zentrale Forderung der Massenarbeiter: »Mehr Geld, weniger Arbeit« bedeutet, einen politischen Lohn zu fordern, sich nicht länger um die Entwicklung der Produktivität zu scheren. Die Formen der traditionellen Arbeiterbewegung, Gewerkschaft und Partei, erscheinen angesichts des Auftretens der Massenarbeiter nicht nur als überholte Organisationsmodelle, die immer wieder aufs Neue die unsinnige Trennung von ökonomischem und politischem Klassenkampf hervortreiben, sondern vielmehr als aporetische Konstruktionen der Klassengeschichte im 20. Jahrhundert, die – wie in ihrer sozialdemokratischen Entleerung und stalinistischen Versteinerung handgreiflich – die in den sozialen Kämpfen freigelegten Potentiale möglicher Emanzipation zerstören. Die Massenarbeiter dagegen entwickeln die neue Form des »internen Streiks«, der von Abteilung zu Abteilung springt, aber »nicht gleichzeitig den ganzen Betrieb erfasst« und dennoch »den entscheidenden Produktionsvorgang an den Montagebändern völlig paralysieren« kann (Rieland [Hg.] 1970, 62). »Die Arbeiter«, heißt es bei Balestrini, »versuchen das erste Mal während der Arbeitszeit, sich eine unabhängige Organisation zu geben«, »un'organizzazione autonoma« (Balestrini 2003a, 85; 1988, 113). In Balestrinis literarischem Bericht ist die Spannung zwischen Autonomie und Organisation aufrechterhalten. »Eine Organisation bildete sich, und das ist die einzige Sache, meinten die Genossen, die wir brauchen, um sämtliche Kämpfe zu gewinnen« (Balestrini 2003a, 92). So resümiert der Ich-Erzähler den Austausch über die Erfahrungen im Fabrikkampf und die Kommunikation unter den Streikenden und mit den Genossen der radikalen Linken.

5. Arbeiterautonomie und westdeutsche Linke

Auch in der Bundesrepublik versuchen Gruppen der radikalen Linken, die aus dem Zerfallsprozess der studentischen Protestbewegung hervorgegangen sind, zu Beginn der 1970er Jahre an dieses Konzept der Arbeiterautonomie anzuknüpfen; in München gilt dies für die Gruppe Arbeitersache, in Frankfurt für den Revolutionären Kampf, in Köln für die Gruppe Arbeiterkampf und in Hamburg und Bremen für die Proletarische Front, um nur die wichtigsten regionalen Ansätze zu nennen. Den Gruppen drängte sich allerdings zunehmend die Frage auf, ob das Konzept der Arbeiterautonomie überhaupt auf die deutschen Verhältnisse übertragbar sei. Die Gruppe Arbeitersache in München reagiert – unterstützt von Mitgliedern der Lotta Continua – mit dem Ansatz einer »multinationalen Betriebsarbeit« auf die beobachteten nationalen, kulturellen und politisch-ideologischen Differenzen in der Zusammensetzung des Massenarbeiters bei BMW und MAN, die jedoch von vornherein darauf vertraut, dass »all diese Unterschiede letztlich nicht entscheidend gegenüber dem« seien, »was sie alle vereint: die entmenschlichte Arbeit in ihrer brutalsten Form«, also die Fließbandarbeit in der Fabrik (Arbeitersache 1973, 110).

Der ebenfalls mit der Lotta Continua kooperierende Revolutionäre Kampf in Frankfurt spricht dagegen in einem Resümee über die Betriebsarbeit bei Opel in Rüsselsheim von der »italienischen Illusion«; weil man vergessen habe, die »Frage nach den gesellschaftlichen Bedingungen und Ursachen dieser Arbeiterautonomie«, nach den historischen und strukturellen Unterschieden in der Entwicklung des Kapitalismus in Italien und Deutschland zu stellen. Im Unterschied zu Italien, so die Analyse des Revolutionären Kampf weiter, sei der deutsche Kapitalismus durch ein nicht zuletzt vom NS-Faschismus geprägtes »sozialharmonisches Klassenverhältnis« bestimmt, das aktuell auch einen Reformismus in den Betrieben einschließe: »Formen unmittelbarer Unterdrückung wie sie von den Arbeitern bei FIAT geschildert werden sind bei Opel selten. Die Kommunikation der Arbeiter untereinander stellt keinen Anlass zur Maßregelung durch den Meister dar« (Revolutionärer Kampf 1973). So gegensätzlich diese beiden Einschätzungen der Übertragbarkeit letztlich auch sind, in einem Punkt treffen sie sich doch, in der Voraussetzung nämlich, dass eine brutale Form der Unterdrückung Bedingung der Arbeiterautonomie sei.

Von allen genannten linksradikalen Gruppen mit Erfahrungen in der Betriebsarbeit wird im Übrigen einhellig festgestellt, dass in Westdeutschland die Autonomiebestrebungen der Arbeiter noch schwach entwickelt seien (vgl. Proletarische Front 1972, 13; Arbeitersache 1973, 84). Mit explizitem Verweis auf Balestrinis *Wir wollen alles* hat etwa Peter Brückner in seiner *Kritik an der Linken* von 1973 eine Vergleichbarkeit grundsätzlich bezweifelt und die relative Schwäche im Unterschied zu Italien damit begründet, dass eine zentrale »Bedingung radikaler, autonomer Arbeiterpolitik« nicht in der Fließbandarbeit selbst, sondern in der nationalen Gesellschaftsformation, nicht bei den dequalifizierten Arbeitern und den repetitiven Teilarbeitern, sondern bei den Arbeitsimmigranten aus Süditalien zu suchen sei (Brückner 1973, 24).

Und dennoch taucht in allen Analysen eine bestimmte Kategorie von Arbeitern auf, die sich den Bestrebungen nach Arbeiterautonomie als »Arschkriecher«, »Ersatzmänner«, »Streikbrecher« entgegenstellen, womit man allerdings erneut auf eine vergleichbare Situation in den Fabriken zurückverwiesen ist. Bei Balestrini heißt es an einer Stelle: »Sie werden Barott genannt, diese Bauern aus dem Gürtel von Turin. Es sind immer noch Bauern, weil sie etwas Landbesitz haben, der von der Frau bewirtschaftet wird. Es sind Pendler, harte Typen, dumpf bis dort hinaus, ohne Phantasie, aber gefährlich. Beileibe keine Faschisten, einfache Dumpfeier. In der kommunistischen Partei sind sie auch, Brot und Arbeit. Ich, als unpolitischer Kleinbürger (›qualunquista‹), war wenigstens noch zu retten. Aber die waren in tiefster Seele mit der Schufterei ausgesöhnt, für die war die Arbeit das Wichtigste im Leben, und das zeigten sie dir durch ihr Verhalten« (Balestrini 2003a, 61f; Balestrini 1988, 85f).

»Alzeyer Freaks«, bei denen es sich »um ein Landproletariat handelt, mit eigenem Haus und Weingarten« (Revolutionärer Kampf 1973, 276, 278), heißen Angehörige dieser Kategorie in der Analyse des Revolutionären Kampf fast euphemistisch, »Pendler mit einer auf dem Land gezüchteten reaktionären Ideologie«, in der Beschreibung der Arbeitersache (1973, 109). Der Kampf gegen die Arbeit führt mithin unweigerlich zum Zusammenstoß mit jenen sozialen Kräften innerhalb der Arbeiterklasse, die das Arbeitsethos verkörpern, oder anders ausgedrückt, das Konzept der Arbeiterautonomie bedeutet nicht einfach eine Vereinheitlichung der sozialen Klasse, sondern vielmehr auch deren Spaltung. Hierin vor allem, in der Vorstellung der Vereinheitlichung und Einheit der sozialen Klasse scheint die deutsche Rezeption der italienischen Klassenauseinandersetzungen illusionär.

Balestrinis Text zumindest verhehlt diesen Punkt an keiner Stelle; ein Zusammenschluss wird dagegen mit jungen Technikern und Angestellten in Aussicht gestellt (Balestrini 2003a, 80f.). Aus heutiger Sicht ist allerdings klar, dass dieser Zusammenschluss nicht stattgefunden hat, sondern wie der Massenarbeiter auch die technische Intelligenz und die Angestellten mit der Auflösung des industriellen Paradigmas kapitalistischer Produktion ihr Gewicht in der gesellschaftlichen Arbeitsteilung verloren und einer neuen sozialen Kombination von manueller und intellektueller Arbeit Platz gemacht haben. Auch diese Transformation der Arbeit ist ein weitreichendes Resultat des Kampfs gegen die Arbeit als Kampf gegen die industrielle Arbeit. Kommunikative, symbolische und affektive Momente der Arbeit haben, wie etwa die Analysen und theoretischen Bestimmungen von Michael Hardt und Antonio Negri zeigen, eine neue Qualität erhalten (Hardt/Negri 2002, 305). Dies schmälert allerdings die Aktualität von Balestrinis dokumentarischer Methode keineswegs. Denn gerade aufgrund ihrer Beweglichkeit könnte sie sich auch heute eignen, die neue Zusammensetzung der sozialen Kräfte zu untersuchen und zu erfassen. Im Unterschied zum Positivismus der soziologischen Forschung immerhin könnte ein auf die Kommunikation der Kämpfe orientiertes literarisches Dokumentationsverfahren jene Subjektpositionen markieren, die Haltungen und Einstellungen zur sozialen Ungerechtigkeit erlauben, ohne in den Zynismus der herrschenden Ideologie zu verfallen, aber auch ohne sich, wie Max Horkheimer das einmal nannte, zum »Affen einer alten Ideologie« (Horkheimer 1934, 408) zu machen.

Literatur:

Alquati, Romano (1974): *Klassenanalyse als Klassenkampf. Arbeiteruntersuchungen bei* FIAT *und* OLIVETTI. Hg. und eingeleitet von Wolfgang Rieland, Frankfurt a.M.

Arbeitersache (1973): *Was wir brauchen, müssen wir uns nehmen. Multinationale Betriebs- und Regionsarbeit der Gruppe Arbeitersache München*, München

Balestrini, Nanni (1972): *Wir wollen alles.* Roman der Fiatkämpfe. 1. Aufl. Übersetzung von Peter Chotjewitz, München

Balestrini, Nanni (1976): *La violenza illustrata*, Torino

Balestrini, Nanni (1988): *Vogliamo tutto.* Introduzione di Mario Spinelli. Apparati critici a cura di Marco Leva, Milano

Balestrini, Nanni (1991): *Alles auf einmal*, Berlin

Balestrini, Nanni (1995): *I Furiosi. Die Wütenden*. Roman. Aus dem Italienischen von Dario Azellini, Berlin

Balestrini, Nanni (2003a): *Wir wollen alles.* Roman der Fiatkämpfe. 2. Aufl. Aus dem Italienischen von Peter Chotjewitz, Berlin/Hamburg

Balestrini, Nanni (2003b): Immer noch und immer wieder: Wir wollen alles, in: Balestrini 2003a

Balestrini, Nanni/Moroni, Primo (2002): *Die goldene Horde.*

Arbeiterautonomie, Jugendrevolte und bewaffneter Kampf in Italien, 2. Auflage, Berlin/Hamburg

Benjamin Walter (1977): Der Autor als Produzent, in: *Gesammelte Schriften*, Band II, Frankfurt a. M. 1977, S. 683–701

Bogdal, Klaus-Michael (1978): *Schaurige Bilder. Der Arbeiter im Blick des Bürgers*, Frankfurt a. M.

Brodersen, Momme (1984): *Walter Benjamin. Bibliografia critica generale (1913–1983)*. Aesthetica pre-print 6, Palermo

Brückner, Peter (1973): *Kritik an der Linken. Zur Situation der Linken in der* BRD, Köln

Castellina, Luciana (1969): Bericht über Fiat, in: *Sozialistisches Jahrbuch* 2, hg. v. Wolfgang Dreßen, Berlin 1970

Di Ciaula, Tommaso (1979): *Der Fabrikaffe und die Bäume. Wut, Erinnerungen und Träume eines apulischen Bauern, der unter die Arbeiter fiel*. Aus dem Italienischen von Wolfgang Sebastian Baur, Berlin

Gramsci, Antonio (1932): Zwölftes Heft: Aufzeichnungen und verstreute Notizen für eine Gruppe von Aufsätzen über die Geschichte der Intellektuellen, in: *Gefängnishefte*, Band 7, Hamburg/Berlin 1996

Gramsci, Antonio (1967): *Philosophie der Praxis. Eine Auswahl.* Hg. und übersetzt von Christian Riechers, Frankfurt a.M.

Hardt, Michael/Negri, Antonio (2002): *Empire. Die neue Weltordnung*, Frankfurt a.M., New York.

Hegel, Georg Wilhelm Friedrich (1970): *Vorlesungen über Ästhetik* II, Werke Bd. 14, Frankfurt a.M.

Heist, Walter (1974): *Die Entdeckung des Arbeiters. Der Proletarier in der französischen Literatur des 19. und 20. Jahrhunderts*, München

Horkheimer, Max (1934): Dämmerung. Notizen in Deutschland, in: *Gesammelte Schriften*, Band 2, Frankfurt a.M. 1987

Lukács, Georg (1920): *Die Theorie des Romans. Ein geschichtsphilosophischer Versuch über die Formen der großen Epik*, Berlin

Majakowski, Wladimir (1973): *Publizistik*. Aufsätze und Reden. Ausgewählte Werke, Band V, hg. v. Leonhard Kossuth, übertragen von Hugo Huppert, Berlin

Marx, Karl/Engels, Friedrich: *Manifest der Kommunistischen Partei*, in: MEW 4

Mierau, Fritz (1976): *Erfindung und Korrektur. Tretjakows Ästhetik der Operativität*, Berlin

Proletarische Front (1972): *Von der programmatischen Erklärung zum Aktionsprogramm.* Proletarische Front. 2. Jg. 1972, Nr. 7

Revolutionärer Kampf (1973): *Betriebsarbeit*, in: Redaktion diskus (Hg.): *Küss den Boden der Freiheit. diskus – Texte der Neuen Linken*, Berlin, Amsterdam 1992, 273–286

Rieland, Wolfgang (Hg.) (1970): *Fiat-Streiks. Massenkampf und Organisationsfrage.* Schriften zum Klassenkampf Nr. 16, München

Schulenburg, Lutz (Hg.) (1998): *Das Leben ändern, die Welt verändern. 1968 – Dokumente und Berichte*, Hamburg

Tretjakov, Sergej (1923): *Woher und wohin? Perspektiven des Futurismus*, in: Ästhetik und Kommunikation, 2. Jg. 1971, Heft 4

Tretjakow, Sergej (1931): *Feld-Herren. Der Kampf um eine Kollektiv-Wirtschaft.* Aus dem Russischen von Rudolf Selke, Berlin

Tretjakow, Sergej (1932): *Den Schi-Chua. Ein Chinese erzählt sein Leben.* Bio-Interview. Aus dem Russischen von Alfred Kurella, Reprint, Kiel 1988

Tretjakov, Sergej (1972): *Die Arbeit des Schriftstellers.* Aufsätze, Reportagen, Porträts. Hg. v. Heiner Boehncke, aus dem Russischen übertragen von Karla Hielscher u.a., Reinbek

Tronti, Mario (1974): *Arbeiter und Kapital*, Frankfurt a.M.

Viale, Guido (1979): *Die Träume liegen wieder auf der Straße.* Aus dem Italienischen von Susanne Schoop und Michaela Wunderle, Berlin

Wright, Steve (2002): *Storming Heaven. Class composition and struggle in Italian Autonomist Marxism*, London, Sterling, Virginia

Hanna Mittelstädt
DER TOD EINES VERLEGERS

Nanni Balestrini: *Der Verleger* (Libertäre Assoziation, Hamburg 1992): Ein neuer, wichtiger Roman von Balestrini; in ihm geht es um die Zeit, in der die *autonomia* entsteht, die Zeit nach '68 und dem heißen italienischen Herbst der wilden Streiks und Fabrikbesetzungen, wo offensichtlich wurde, dass die Strukturen der »alten Linken« unzureichend waren, um der Radikalität und der sozialen Bewegung eine Form zu geben.

Der Tod Feltrinellis (bei einer Sabotageaktion mit Sprengstoff an einem Strommast) reißt das Problem der alten und neuen Linken auf: Während die Kommunistische Partei (KPI) die Militanz der Partisanen als Mythos konserviert, die »Resistenza« in Form einer moralisch sauberen Opfermentalität in Erinnerung hält, stellt die neue soziale Wut die Frage der Gewalt, die Frage der zu machenden Revolution hier und jetzt. Für die Alten muss der Tod des Verlegers ein Anschlag der Rechten, des Staates, der Faschisten, der CIA sein, weil ein linker Kämpfer immer unschuldig sei. Damit denunziert die KPI die soziale Bewegung, für die die Gewaltfrage keine moralische ist – die KPI beendet diese Kurskorrektur später mit dem sogenannten Historischen Kompromiss.

Der Tod des bedeutenden italienischen Verlegers der Linken schärft die Konturen der neuen sozialen Bewegung durch die tiefgreifenden Diskussionen, die er auslöst. Die Suche nach einer neuen persönlichen und kollektiven Subjektivität, nach Lebens- und Widerstandsformen wird durch den Tod Feltrinellis beschleunigt. Die gesellschaftliche Konfrontation jener Zeit, die Veränderungen der Arbeit und der Lebensformen, die massenhafte Dezentralisation der Revolte machen den Zusammenschluss aller Parteien, des Militärs, der Justiz und der Medien notwendig, um diese soziale Kraft zu zerstören. Weil die KPI die Kontrolle über diese Bewegung schon nicht mehr hatte, hat sie sich an deren Zerschlagung beteiligt. Das Ende der alten Perspektiven wird damit überdeutlich.

Das Klima jener Zeit, eines der Suche, des Aufbruchs, der Negation, des radikalen, nicht rückgängig zu machenden Bruchs mit der Gesellschaft, stellt Balestrini in Form dieser Darstellung des Todes des Verlegers dar, aus der sich Geschichten herausdrehen, persönliche oder auch typische, wie sie damals verbreitet waren im lebendigen Teil der Gesellschaft. Es bleibt viel Luft zwischen den Geschichten und Personen, ständig wechselt der Autor Ebene, Perspektive, Sprache, montiert die »dreckige Arbeit der Medien« mit der heftigen Liebesgeschichte aus Malcolm Lowrys *Unter dem Vulkan*, lässt den Blick auf die Konstruktionspläne des Buches frei. Diese Freiheit macht das Großartige von Balestrinis Schreiben aus, die klare Luft zum Atmen, wie auf einer Hochebene, auf der einen nichts bedrängt, die Einfachheit der Form fördert die Klarheit der Gedanken. Mit der Reduzierung der Geschichte jener Jahre auf dieses Bild – den Tod des Verlegers – gelingt es Balestrini, die eigenen Geschichten der Lesenden hervorzulocken, die sich zwischen den Aspekten des Geschriebenen entwickeln und an ihnen reiben können. Das scheint mir die größte Freiheit zu sein, die ein Autor seinen Leserinnen und Lesern geben kann.

Nanni Balestrini
UNA MATTINA CI SIAM SVEGLIATI[1]

Einen guten Tag allerseits es ist 7:30 Uhr bei Radio Popolare
die Kurznachrichten heute ist es in ganz Italien bewölkt im
Nordwesten vereinzelt Regen und Gewitter am Nachmittag
soll sich in Mittelitalien die Bewölkung lockern die Tempe-
ratur geht leicht zurück am 25. April vor 49 Jahren haben die
Partisanen Mailand von den Nazifaschisten befreit und heute
erwartet Mailand mehrere Zehntausend Menschen zur landes-
weiten Demonstration seit dem Morgen kommen Demonstranten aus ganz Italien in Sonderzügen und Bussen um 15:30 Uhr
zu den beiden offiziellen Treffpunkten Piazza Medaglie d'oro
für die Delegationen aus den Marken aus der Emilia Roma-
gna der Toskana aus Umbrien sowie Latium und alle anderen
treffen sich ebenfalls um 15:30 Uhr auf der Piazza Oberdan die
Demonstrationszüge kommen auf der Piazza Duomo zusammen es sprechen drei alte Partisanenkämpfer Arrigo Boldrini
Aldo Aniasi und Paolo Emilio Taviani

[...]

13 Uhr und 23 Minuten nach den Nachrichten die Liveüber-
tragung von Radio Popolare Network über den 25. April wir
machen sofort voll weiter mit zwei Verbindungen die erste mit
Aldo der uns anruft von wo von Lambrate dort ist der Sonderzug aus Pisa angekommen ungefähr tausend Demonstranten
sind ausgestiegen junge und weniger junge wir haben hier den
Genossen Arturo der eine Fahne mit Hammer und Sichel in rie-
sengroß trägt Arturo nannte sich am 25. April Turi und erzählt
uns jetzt etwas ja Genossen ich bin Kommunist ich bin es seit 50
Jahren und ich bin stolz darauf und schon immer gewesen aber
natürlich war mein Anfang kein bewusster Anfang als ich zur
Resistenza gegangen bin bis ich das Glück hatte Genossen zu
begegnen die mir die politische Bildung gaben denn man darf
nicht denken dass die Leute als Kommunisten geboren werden

---

1 »Eines Morgens sind wir aufgewacht«. Variation der ersten Zeile des Partisanenlieds
Bella Ciao.

man wird Kommunist wenn man das Verhalten übernimmt das uns kohärent und konsequent werden lässt heute Genossen bin ich alt und ich hoffe einfach dass die Jungen in der Lage sind die Lehren weiterzuführen die wir ihnen zu geben versuchen

Ja wie ihr gehört habt ist Genosse Turi wirklich bewegt okay Aldo wir haben eine andere Verbindung Hallo hier ist Maria ich bin am Kopf von Gleis 16 am Hauptbahnhof inzwischen ist ein weiterer Sonderzug aus Genua angekommen nicht völlig überfüllt aber dieser hier ist übervoll es ist der Sonderzug aus Rom auf den um 13 Uhr 50 noch einer aus Genua folgen wird den wir aber nicht abwarten weil wir zur Demonstration gehen wir machen hier nicht weiter denn wir gehen zur Demonstration hier ziehen die Leute langsam friedlich und auch ein wenig verschlafen vorbei ich habe mal durchgerechnet dass mit den Zügen die wir heute Vormittag gesehen haben 7.000 Menschen gekommen sind eine Randnotiz die Truppe von Nanni Moretti folgt uns unermüdlich überallhin vor uns haben wir junge Leute aus dem Zug aus Rom wir sind Schüler des Naturwissenschaftlichen Gymnasiums Cavour eine Delegation von 15 Schülern die hierher nach Mailand gekommen sind um Italien daran zu erinnern dass es vor 49 Jahren einen Befreiungskampf von Partisanen gegen das faschistische Regime gab der schon 20 Jahre gedauert hatte und das sie seit den letzten Wahlen leider wieder an die Macht bringen wollen

Hör mal das ist schon beeindruckend dass du wie alt bist du ich bin 19 dass du an diese Dinge erinnern musst ja hier haben wir einen anderen Gast in einem anderen Alter er heißt Andrea ich bin 51 Jahre alt ich bin hier weil ich wirklich glaube dass das was in den letzten Monaten passiert ist die völlige Konfusion die Auflösung der Werte ist wir scheinen wirklich einen Rückschritt zu machen du sagst also es besteht die Gefahr einer Rückkehr zum Faschismus ich denke aber dass die wirkliche Gefahr die ist dass es keinen Respekt mehr für den anderen gibt und Unterdrückung sich mit Unterdrückung verbindet wir können es Faschismus nennen oder wir können es auch anders nennen sicher hör mal Marina wir müssen hier die Verbindung beenden wir hören uns auf der Demo wieder jetzt Bologna ja hallo hier ist Amedeo also hier sind alle losgefahren die letzten um 13 Uhr 15 die Rentner nach den letzten Schätzungen der Gewerkschaft hier in Bologna sollen 6 bis 7.000 Personen mit Sonderzügen und Bussen losgefahren sein laut Schätzungen hinsichtlich der Region sind offiziell 16 bis 17.000 losgefahren

Hör mal dann ist also die Emilia von der Toskana geschlagen worden denn die sprechen von 20 bis 25.000 Personen aber da ist noch die Tatsache dass wir hier in Bologna einfacher als sie auf eigene Faust mit dem Auto kommen können danke Amedeo wir haben jetzt Mari in der Leitung ja von der Stazione Garibaldi die schon wieder ganz bunt ist es gab einen Moment Pause weil zwischen einem Zug und dem anderen der Bahnhof eine Stunde lang leer war jetzt haben wir hier wieder Farben natürlich vor allem rot aber es gibt hier viele Farben die Rucksäcke die Kleidung vor allem blaue Windjacken die Situation ist so dass die letzten beiden Züge alle Leute aus den Abruzzen in einem einzigen Konvoi aufgesammelt haben 800 Menschen sind jetzt hier vor mir ich gebe sie euch ans Telefon da sind Leute aus Carrara ein Zug in dem auch Leute aus Viareggio sind das sind die beiden die hier an der Porta Garibaldi zuletzt angekommen sind ich gehe nun wieder weg von hier und übergebe an Fabio der aus Carrara gekommen ist ciao Fabio Mailand ist leider etwas verregnet nenne mir einen Grund warum du hier bist

An einem anderen 25. April wäre ich vielleicht nicht losgefahren denn er war etwas inhaltsleer zu einem ziemlich leeren Ereignis geworden aber hör mal wie verfällt man da nicht in Floskeln sich derer nicht zu bedienen ist einfach man muss alles mit der Gegenwart aber vor allem mit der Zukunft verbinden statt mit der Vergangenheit bei uns im Zug sind so viele Rentner die Lust haben zu leben und nicht nur zu gedenken eine Lust zu leben die wirklich groß ist und das haben sie auch den vielen Jugendlichen vermittelt hallo hier ist Mari ich will euch sagen dass auch der Zug mit dem ligurischen Teil der Demo angekommen ist also Pietrasanta und La Spezia und das ist der letzte Zug der an der Porta Garibaldi ankommt jetzt verabschiede ich mich mit dem Sprechchor Bossi Berlusconi Fini ihr endet alle wie Mussolini wir hören uns später okay ciao auf Wiederhören 13 Uhr 39 vielleicht ist das der Moment um Stalingrado von den Stormy Six aufzulegen denn jetzt essen die Leute sind unentschlossen und denken sich was ist das für ein Wetter da werde ich ja nass usw. aber wenn sie ein Minimum an Sensibilität etwas Rückgrat haben wenn sie Stalingrado gehört haben dann entschließen sie sich und kommen auch

Hallo wir sind das Komitee Amnestie für die politischen Gefangenen wir sitzen im Bus in der Nähe der Piazza Lodi ich wollte euch fragen ob ihr durchsagen könnt es gibt nämlich andere die aus anderen Städten kommen dass wir uns am Piazzale Loreto an der Einmündung zum Corso Buenos Aires treffen ein anderer Anruf hallo ich bräuchte eine Information ich habe ein gebrochenes Bein will aber zur Demo gehen fährt die U-Bahn ja die U-Bahn fährt wenn sie nämlich nicht fährt schaff ich das nicht mit den Krücken da verlier ich den Halt hallo ich bin von der FGEI dem Jugendverband der italienischen Juden wir haben unseren Treffpunkt in der Via Scarlatti Ecke Benedetto Marcello um drei hallo ich wollte euch über diese Sache mit der U-Bahn informieren die Station Duomo ist geschlossen ich sag das wegen dem von vorhin mit dem gebrochenen Bein Hallo danke Hallo ich bin gerade in Mailand angekommen und höre euch seit heute Morgen jedenfalls habe ich in der U-Bahn zwei oder drei Genossen getroffen die etwas zu viel Ärger machen ich fordere euch auf sagt den Leuten sie sollen ruhig bleiben und ihr Hirn gebrauchen hallo ich wollte euch sagen dass wir vom Verein zur Abschaffung der Jagd uns treffen Hallo

Wir hoffen ihr trefft euch weit weg von Jägerverband ja aber wir hoffen dass wir viel mehr sind als die wir treffen uns am Piazzale Loreto wo der UPIM ist Hallo meiner Meinung nach trefft ihr euch nie denn dort treffen sich alle wir haben aber ein sehr auffälliges gelbes Transparent mit der Aufschrift TIERBE-FREIUNG und einem Gänserich mit geballter Faust Hallo ich bin Wolli vom schwulen Buchladen Babele wo wir uns gerade sammeln ihr seid die Schwulengemeinde von Mailand ja und wir haben die Regenbogenfahne dabei die wir auf der Piazza della Scala genäht haben als am 28. Juni dem Internationalen

Gay Pride Day die homosexuellen Hochzeiten gefeiert wurden jetzt warten wir hier alle gegen halb drei und gehen dann gemeinsam zum Piazzale Loreto Hallo ich bin Giuseppe vom Künstlerzentrum Brugherio ich wollte euch sagen dass auch wir mitgehen wir treffen uns am Piazzale Loreto und laden alle jungen Künstler und Pseudokünstler aus der ganzen Provinz ein zu uns zu kommen wir haben ein Transparent und wir werden einen Einkaufswagen haben aus dem eine Puppe herausragt die Befreiung sagt

[...]

Hier ist Filippo zwischen Piazza Lima und Piazzale Loreto hier ist eine riesige Menge es geht nicht voran aber es herrscht ein freudiges Durcheinander ein schönes Bild ein Schaufellader voller Landarbeiter aus Carpi mit Musikinstrumenten sie singen Partisanenlieder die Menge applaudiert und grüßt aber was ihr jetzt hört ist das Gehupe einiger nervöser Autofahrer ich gebe zurück Hallo hörst du mich ich bin Alessandra am Corso Venezia es sind nur noch 500 Meter zwischen Piazza San Babila und der Spitze der Demonstration die an der Piazza Oberdan gestartet ist vor mir ist das Banner der Stadt Mailand aus der Via Palestra bald müsste Mailands Bürgermeister Formentini kommen an der Spitze des Zugs sind die Überlebenden der Vernichtungslager und es gab langen Beifall sie marschierten in einer langen Reihe hinter dem Transparent NIE WIEDER in der Mitte ein weißer Stern viele applaudieren wir haben auch Mino Martinazzoli getroffen der mit seinen Leibwächtern auf dem Corso Venezia marschierte er sagte er sei nicht zur Versöhnung auf der Straße sondern das Land sei noch nie so gespalten gewesen

Neben mir steht Letizia um euch von Umberto Bossi zu erzählen der hier vorbeikam und Letizia ist ihm begegnet gerade eben haben sich auch Bertinotti und Cossuta in den Zug eingereiht auch Rutelli ist gekommen und wie es heißt auch Del Turco aber wir sprachen von Bossi als er kam wurde er von den Leuten um ihn herum heftig ausgepfiffen ehrlich gesagt waren das wenige weil der Demonstrationszug noch ziemlich zerstreut war aber die Pfiffe waren ziemlich laut er ist schließlich nach vorne gelaufen und hat die Demonstrationsspitze und die Polizeikette überholt während die meisten Leute fragten wer ist das denn okay gehen wir noch einmal zu Massimo Hallo von der Piazza San Babila wir sind hier im fünften Stock soeben kommt der Abgeordnete Bossi vorbei umringt von einer Schar von Fotografen und Kameraleuten die ihn interviewen diese sind ihrerseits von einem Haufen Polizisten in Antiguerillaausrüstung umgeben und diese wiederum von etwa hundert Mailänder Bürgern die ihm zubrüllen Bastard Gekaufter Faschist also sie sind alle umzingelt das Ganze gleicht einer Blätterteigschnecke und darüber der Lärm der Hubschrauber die von oben die Szene aufnehmen

Gut wir lassen dich mit deiner Blätterteigschnecke zurück und bitten Marco uns anzurufen ich sage noch einmal allen Hörern ihr hört Radio Popolare Network in diesem Moment übertragen wir live von der Piazza Duomo die ganze Demonstration zum 25. April Hallo wir haben Marco am Telefon ja ich bin immer noch beim Transparent der Lega Nord die Lage hat sich nicht verändert es sind nur viel mehr Leute um den Block der Lega die Ketten von Polizei und Carabinieri wurden verstärkt Marco erklär mir auf welcher Höhe du bist ich befinde mich auf dem Corso Buenos Aires Ecke Via Castaldi wo die Schaufenster von Matuella sind dem Foto- und Optikgeschäft die Lage ist stabil alle sind stehen geblieben die Sprechchöre gehen weiter vor allem vor dem Block der Lega der sich leicht vergrößert hat aber meiner Meinung nach sind es nicht mehr als 150 Leute die Lega-Leute lächeln etwas weniger unter den Regenschirmen und hinter den Transparenten es wird weiter gerufen Lega Faschisten raus aus der Demo sie brüllen Das ist nicht euer Fest denn auf dem Transparent der Lega steht 25. APRIL FEST DER FREIEN MENSCHEN

Okay hören wir jetzt die Spitze der Demo Lucia ja gleich in ungefähr einer Minute müsste der Demozug von Loreto also die offizielle Demo losmarschieren wenn ihr mich in der Leitung behaltet bekommt ihr in Echtzeit den Start der Demo mit ja denn die Demo von der Porta Romana ist schon seit ein

paar Minuten unterwegs und jetzt warten wir dass auch dieser
Zug losgeht es heißt dass der Corso Buenos Aires hinter der
Demospitze so überfüllt ist dass nicht mal eine Münze zu Boden
fallen kann also ich glaube es ist wirklich an der Zeit dass die
Demo beginnt die Leute drängen darauf es herrscht schon eine
gewisse Ungeduld es ist Zeit für das Startsignal ja die Demo
setzt sich in Bewegung hört was die Ordner der Gewerkschaft
sagen vorwärts in diesem Moment gibt Alfredo Costa dem Ord-
nungsdienst das Startzeichen für den Hauptdemozug es ist 15:31
Uhr in diesem Moment geht es auf der Piazza Oberdan los die
Spitze bewegt sich

Aus dem Italienischen von Andreas Löhrer

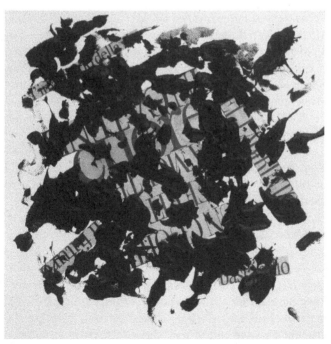

Cuore (Herz), 2011, Collage und Acryl auf Leinwand

Renato Barilli

JENE 300.000 STIMMEN VOR EINEM
JAHR IN MAILAND AUF DER STRASSE

Auch in seinem neuen belletristischen Experiment ist Nanni Balestrini seiner üblichen Methode treu geblieben: fast nichts aus eigener Hand zu schreiben, sondern Passagen auszuschneiden, Fragmente einer Art kollektiven Schreibens, wie es heute von den Medien garantiert wird, auf grafischer oder klanglicher Ebene. Ein anonymes Schreiben »aus dem Volk«, das tatsächlich eine Realität von unten, oder eine, die nicht davon zu unterscheiden ist, ersetzen kann.

Dabei muss aber sofort gesagt werden, dass Balestrini sich eines doppelten Registers bedient: Manchmal schreibt er einen ähnlichen Grundfluss, entscheidet sich für einen bevorzugten Protagonisten und schlüpft in dessen sprachliche Haut, wie bei den jüngsten *Furiosi* vom vergangenen Jahr, wo ein Vertreter der wütenden Welt der Stadien seine »naive« Sprechweise deklamiert; in anderen Fällen hat unser Autor protestierende Arbeiter oder politische Gefangene unter dem harten Knastregime zum Sprechen gebracht. Bei anderen Gelegenheiten bleibt er noch mehr der Methode treu, die Fragmente öffentlicher »Plauderei« an und für sich zu benutzen, in welchem Fall ihre Materialität mit der ganzen Kraft der »Dinge selbst« glänzt, wie bei den Kollagen der visuellen Künstler oder den *Readymades* der großen dadaistischen Tradition.

Der gerade erschienene Text gehört zu dieser zweiten Typologie, der faszinierendsten und konsequentesten. Durch journalistische Vorab-Berichte weiß der Leser schon, worum es sich handelt: Es ist die große, feierliche Demonstration vom 25. April, die »das Volk der Linken« im vergangenen Jahr als Reaktion auf die Niederlage im Monat davor inszenieren wollte. Die gigantische Versammlung fand in Mailand statt; der der Gelegenheit absolut angemessene Titel *Una mattina ci siam svegliati* zitiert nicht nur einen Vers von *Bella Ciao*, sondern kann auch eine Anspielung auf das Wiedererwachen der Linken sein, oder noch materieller auf das frühe Aufwachen, dem sich die Tausende von Protagonisten unterzogen, um in den Bus oder ein anderes Verkehrsmittel zu steigen und in der Hauptstadt der Region

Lombardei zusammenzuströmen (die ihnen gegenüber nicht besonders wohlgesinnt war, wie viele empört bezeugen).

Und Radio Popolare schließt sich dem Ereignis an und setzt sich quasi an seine Stelle; oder besser gesagt, es zeigt dessen mehrdimensionalen Charakter auf, auch durch die verschiedenen Stimmen der anonymen Chronisten, die beim Vornamen genannt werden und sich in nichts von dieser Flut von unten unterscheiden, als wären es zufällig herausgezogene Muster. Was es ihnen erlaubt, diesen ansonsten amorphen Strom zu sprenkeln, ihm Gestalt zu verleihen, oder wie einer von ihnen bemerkt, »eine stereofone Vision« herauszuholen. Das ist nämlich das Wunder, das Balestrini vollbringt: einer Ausstrahlung von ansonsten gefährlich homogenem Material eine Relevanz, eine Partitur zu geben. Denn so entsteht eine Spannung zwischen den einzelnen stets gleichen, aber auch immer unterschiedlichen Fragmenten. Die Zeichensetzung ist aufgehoben, um den schnellen Rhythmus der Ereignisse zu suggerieren, es gibt jedoch bewusste Pausen, Schnitte, Unterbrechungen, um die Materie atmen zu lassen. Und es gibt auch Änderungen im Charakter oder im typografischen Korpus, von der Kleinschreibung zur Großschreibung, um dem vagen Strom Plastizität zu verleihen.

Plastizität oder eben Stereofonie; Balestrini begibt sich nämlich in eine Zwischenzone, in der der Text eine Ambivalenz zwischen Schreiben und Klang, zwischen Lektüre und mündlichem Vortrag erreicht; das wird uns klassischerweise auf den Seiten eines Buches geliefert, könnte aber auch ins radiofone Gewand zurückfließen, in dem es erzeugt wurde, oder sogar eine Kraft als Bild, Video oder Film erlangen. Balestrini ist wie ein Regisseur, der am Mischpult nicht nur Zeit und Rhythmus der »Geschichte« reguliert, sondern durch Tastendruck auch entscheidet, ob er sie schriftlich, akustisch oder ikonisch übermittelt.

Aus dem Italienischen von Andreas Löhrer

Nanni Balestrini

EIN WENIG WAHRHEIT FÜR UNSERE SONNTAGSGHETTOS

Mit seinem Selbstmord hat uns Guy Debord leider um die Möglichkeit gebracht, die Überlegungen zu lesen, die der Theoretiker der Gesellschaft des Spektakels zu deren (bislang) extremster Erscheinungsform hätte anstellen können: der Verflechtung von Politik, Markt und Medien, wie sie von der augenblicklichen Berlusconi-Regierung bewerkstelligt wird. Und gewiss wäre Debord auch kaum die gar nicht unbedeutende Rolle des Fußballs beim Aufstieg des Cavaliere entgangen.

Aber das Glück von Milan und (bezeichnenderweise) auch das seines Präsidenten ist mittlerweile im Schwinden begriffen, und schon bietet der Fußball den Medien das Schauspiel der Gewaltausbrüche seiner Fans. Ungefähr zwei bis drei Mal im Jahr taucht der Fußballfan – genauer gesagt: der organisierte Fußballfan, der Hooligan – anlässlich mehr oder weniger schwerwiegender Ausschreitungen auf den Titelseiten der Zeitungen und auf den Bildschirmen auf. Und augenblicklich erheben sich die Schimpfchöre der Sportjournalisten, die lauthals beklagen, dass die Reinheit des Spiels von diesen Verbrecherhorden verletzt werde, und entschiedene Maßnahmen zur Wahrung der öffentlichen Ordnung fordern. Will man jedoch nicht zulassen, dass ein Massenphänomen (das unter anderem, und nicht nur in Italien, größten Zustrom bei den Jugendlichen hat) absichtlich mystifiziert wird, muss man vor allem seine Erscheinungsformen im richtigen Maßstab sehen. Es gibt hervorragende soziologische Studien, die weitgehend bewiesen haben, dass die Auswirkungen der im Grunde symbolischen Gewalt in den Stadien im Vergleich mit denen, die ihr immer wieder unterstellt werden, relativ gering sind. Die Fakten: Die fünf Todesfälle, die sich in Italien während der letzten vierzig Jahre bei Vorfällen anlässlich von Fußballspielen ereignet haben, sind gewiss nicht vergleichbar mit den Gemetzeln am Samstagabend, bei denen es Dutzende Opfer gibt.

Eigentlich sollte es klar sein, dass sich die Zuschauer in einem Fußballstadion nicht einem unschuldigen Zeitvertreib hingeben, sondern dass wir uns am bevorzugten Ort eines komplexen

Rituals befinden, wo ein Teil des Kollektivs die aufgestauten Spannungen freisetzt, wo die im Alltag erlebte und absorbierte Gewalt sich durch die (mehr oder weniger symbolische) Teilnahme an der Begegnung zweier Mannschaften entlädt.

Das wissen auch die Kräfte, zu deren Aufgaben die Wahrung der öffentlichen Ordnung gehört und die gewiss aufgeklärter sind als die Sportjournalisten, die ihnen vorwerfen, komplizenhaft ein Auge zuzudrücken und die Gewaltausbrüche zu tolerieren (deren Auswirkungen oft Polizisten selbst zu spüren bekommen).

Auch der Polizei ist bewusst, dass sich die enorme Gewalt unweigerlich woanders entladen und viel größeren und unüberschaubareren Schaden anrichten würde, wenn man das sonntägliche Ventil im Stadion abschaffen würde. Die Tausende von Polizisten, die jeden Sonntag aufgeboten werden, die Verwüstung eines Sonderzugs oder einer Autobahnraststätte sind also ein angemessener Preis, den wir bezahlen, um Situationen wie in den Vororten von Paris oder London, von den Schwarzenghettos in Los Angeles ganz zu schweigen, zu vermeiden. Und die Sportjournalisten sollten endlich zur Kenntnis nehmen, dass die Realität in den Stadien heutzutage wenig mit ihnen zu tun hat. Ihre hohen Ansprüche wären zu Hause bei einem guten Fußball-Videogame besser aufgehoben. Wenn man die gesellschaftliche Gewalt in den Sonntagsghettos kanalisiert, verändert man gewiss nichts an deren Ursachen. Deshalb sollte es den Institutionen ein Anliegen sein, das gesellschaftliche Unbehagen, vor allem das der Jugendlichen, zu verringern.

Aber das geschieht nicht. Ganz im Gegenteil, nach wie vor werden autonome Initiativen verhindert, so zum Beispiel die sozialen Zentren, die in vielen Städten von selbst entstehen und den Jugendlichen Möglichkeiten bieten, sich zu treffen und sich kulturell zu betätigen, die zweifellos interessanter sind als Fußball. Doch die sozialen Zentren, wie etwa das Leoncavallo in Mailand, aber auch in verschiedenen, von Linken regierten Gemeinden, werden nach wie vor unterdrückt und kriminalisiert.

»In der *wirklich verkehrten* Welt ist das Wahre ein Moment des Falschen«, hatte Debord geschrieben. Es würde nicht schaden, auch den Hooligans ein wenig Wahrheit zukommen zu lassen.

Aus dem Italienischen von N.N.

Reinhard Sauer
ERFAHRUNG UND VERBRECHEN
»Sandokan« von Nanni Balestrini

Sollten Sie Sandokan kennen, den »Tiger von Malaysia«, so seien Sie gewarnt: Es geht hier nicht um den Helden aus den Abenteuerromanen von Emilio Salgari, dem italienischen Karl May, sondern um einen für seine Grausamkeit und Brutalität berüchtigten *Camorrista*, Francesco Schiavone, der wegen einer gewissen Ähnlichkeit in Haar- und Barttracht mit dem indischen Schauspieler Kabir Bedi, dem Sandokan aus der gleichnamigen populären italienischen Fernsehserie, zu diesem Beinamen kam. Doch eigentlich geht es um das nördlich von Neapel gelegene Casal di Principe, wo er sich in den 1990er Jahren in einer blutigen Fehde zwischen den Clans um die Nachfolge eines ermordeten Bosses bis zu seiner Verhaftung im Jahr 1998 als gefürchteter Pate der örtlichen Camorra, wie die Mafia in Kampanien heißt, einen Namen machte.

Mit der Verhaftung geht das Buch auch los, um erst danach die Geschichte – zumeist aus der Perspektive eines unbeteiligten Jungen aus demselben Ort – zu erzählen. In verschiedenen Szenarien mit programmatischen Kapitelüberschriften wie »Die Anfänge«, »Der Tod«, »Die Wette«, »Der große Sprung«, »Die Politik«, »Die Expansion«, »Der Krieg« usw. bis zu »Sandokans Sieg« geht es, ohne Punkt und Komma und episch aufgeladen, um Aufstieg und Fall eines kriminellen internationalen Wirtschaftsimperiums, das vom Betrug mit EU-Geldern für die Vernichtung der landwirtschaftlichen Überproduktion vor Ort über Lateinamerika mit seinem florierenden Kokainhandel bis ins Eldorado des postsowjetischen Osteuropa reichte.

Schon früh hatte man die Chancen erkannt, die sich aus dem Zusammenbruch des sozialistischen Lagers ergaben, da in diesen Ländern Geld aus illegalen Aktivitäten leicht zu waschen war. Mit Hilfe der zu neuen Bonzen mutierten Kader wurde heftig ursprünglich akkumuliert und großzügig in der Distributions- und Divertissementsphäre investiert. Da gab es dann als »Mitbringsel« fürs heimische Provinzkaff auch schon mal »ganze Ladungen hübscher Mädchen aus den Ostblockländern«. Mit dem Krieg auf dem Balkan lief dann der Waffen- und

Drogenhandel erst recht wie geschmiert. Und was schmieren anbelangt, so ließen sich die lokalen Politiker in Italien auch nicht lumpen.

Ohne Reminiszenzen an die Sozialromantik des Banditen, aber auch ohne moralisierende Verurteilung hat der italienische Schriftsteller und Dichter Nanni Balestrini mit dieser Erzählung eine reich illustrierte Innenansicht einer vom organisierten Verbrechen dominierten Gesellschaft vorgelegt. Er zeigt, wie die kriminelle Energie alle gesellschaftlichen Strukturen durchdringt, deren Verkehrsformen determiniert und sich zu einem System entwickelt, das alle Subjekte gefangen hält, von der Schule bis zum »Leichenschauhaus«, denn aus der Totalität des Verbrechens gibt es kein Entrinnen. Selbst die kleinsten Regungen des Alltags sind von dem bestimmt, was den allgemeinen gesellschaftlichen Gewaltverhältnissen zugrunde liegt: schiere Gewalt. In ihrer archaischen Direktheit läuft das den Komplexitätsanforderungen heutiger post- und neo-apostrophierter Zeiten nicht entgegen, im Gegenteil, die politische Ökonomie des organisierten Verbrechens produziert neue Subjektivitäten und gesellschaftliche Erfahrungszusammenhänge. »Wozu um sechs Uhr morgens aufstehen um bis sechs Uhr abends zu arbeiten«, fragen sich die Jungs nicht zu Unrecht, »während das Leben doch darin besteht viel Geld ausgeben zu können weil es nämlich eine Menge schöner Dinge gibt schöne Frauen schöne Autos und schöne Häuser.« Lieber in schicken Markenklamotten rumlaufen und im dicken Mercedes durch den Ort kurven sowie in Bars den Breiten machen als auf den Tomatenfeldern zu malochen, was »dann zu nichts als einem Haufen Mist führt«. Oder zu kollektiver Erkenntnis: »Sie begreifen also ihre Lage und fangen an das zu tun was sie für das Beste halten jeder von ihnen erkennt sich im anderen wieder Leute die denselben Werdegang haben dieselben Probleme dieselben Ängste dieselben Wünsche und sie sind stark und entschlossen und also kommen sie zusammen sie schließen sich miteinander zusammen fangen an und werden nie Halt machen … sie wollen mehr.« Aber das doch bitte individuell: »Er will noch mehr haben er will die Macht haben er will das Maximum er will alles.« Oder nichts, denn der Preis dafür ist hoch bei der gleichfalls mörderischen Konkurrenz; ganz darwinistisch ist die Alternative Fressen oder Gefressenwerden, Leben oder Tod.

Auch bei *Sandokan* ist der Autor des operaistischen Romans *Wir wollen alles* sowie der Hooligan-Saga *I Furiosi* seinem experimentellen literarischen Verfahren der Montage von Gesprächsprotokollen und Zeitungsberichten treu geblieben. Der Semiologe und Romancier Umberto Eco hat ihn deswegen einmal treffend als den »faulsten Schriftsteller, den es jemals gegeben hat« bezeichnet, »weil man sagen könnte, dass er selbst nie ein einziges Wort geschrieben und bloß Stücke von Texten anderer neu zusammengesetzt hat«.

Was aber dem realen Sandokan gar nicht gefiel. Vor drei Jahren klagte er vergeblich gegen die Veröffentlichung, da sie seinen Prozess negativ hätte beeinflussen können. Es hält sich aber das Gerücht, schon zwölf Stunden nach Erscheinen des Buches seien in ganz Kampanien auf sein Kommando hin alle Exemplare aufgekauft worden. Sicher ist, dass in seinem Heimatort die Nachfrage nach einem Buch noch nie so hoch gewesen war.

Nanni Balestrini, Sandokan. Eine Camorra-Geschichte.
Aus dem Italienischen von Max Henninger,
Assoziation A, Berlin, Hamburg, Oktober 2006.

Peter O. Chotjewitz
NIMM ZWEI

»Tape Mark I« (1961) von Nanni Balestrini gilt als erstes Gedicht, das je auf einem Computer geschrieben wurde. Der Autor verfolgte jedoch einen radikaleren Plan: Er wollte am Rechner einen Liebesroman verfassen, in seine Bestandteile zerlegen und diese willkürlich kombinieren. 1966 erschien sein Tristano *bei Feltrinelli – als »normales« Buch. 43 Jahre später ermöglicht die digitale Drucktechnik die Verwirklichung dieses Projekts: Balestrinis Hommage an den Tristan-Mythos erscheint in einer Auflage von 2.000 nichtidentischen Exemplaren und mit einem Vorwort von Umberto Eco. Peter O. Chotjewitz hat den Roman übersetzt.*

Der Roman *Tristano* erschien 1966 im Verlag Feltrinelli, blieb jedoch Projekt. Erst kürzlich erlaubten es die Fortschritte der digitalen Drucktechnik, das Buch so zu veröffentlichen, wie der Autor es ursprünglich geplant hatte. Nanni Balestrini, 1935 in Mailand geboren, ist im deutschen Sprachraum als politisch engagierter Autor bekannt. Seine Romane, die bei Assoziation A vorliegen, handeln vom Tod Feltrinellis, der beim Anschlag auf einen Strommasten gekillt wurde, von militanten Fußballfans, von der Camorra, von Fabrikkämpfen.

Von der Zerschlagung der Bewegung der Autonomen Ende der siebziger Jahre handelt der Roman *Die Unsichtbaren*. Balestrinis Weg zur »Autonomia« war verschlungen. In den sechziger Jahren schien die ästhetische Avantgarde für die bevorstehende soziale Revolution hilfreich zu sein. Später ging der Autor zu Potere operaio (Arbeitermacht). Nach Liquidierung der »Autonomia« durch einen staatlichen Gewaltakt wurde er mit Haftbefehl gesucht. Der Vorwurf lautete: Mord in sieben Fällen, darunter Aldo Moro, Vorsitzender der Christdemokraten.

Balestrini floh vor den Konstrukten der politischen Justiz nach Frankreich, wo er Asyl erhielt und bis zur Aufhebung des Haftbefehls in den achtziger Jahren blieb.

Dass Balestrini immer auch experimentell arbeitete, blieb angesichts der Erfolgsgeschichte seiner sozialkritischen Romane nahezu unbekannt.

Das Material, aus dem *Tristano* montiert wurde, bezeichnete Jacqueline Risset im Vorwort zur französischen Ausgabe von 1972 als bunt importierte Sätze – »aus allen möglichen Schriftstücken (Aufsätze über Fotografie und Geografie, ebenso wie Kitschmagazine, Zeitungen, Reiseführer)«. Sie hätte weitere Quellen erwähnen können – einen urgeschichtlichen Aufsatz, den Roman *La Jalousie* von Alain Robbe-Grillet.

Die Methode der literarischen Montage besteht darin, dass Sätze vereinzelt werden, während in der traditionellen Erzählweise die Bedeutung der Sätze durch die vorhergehenden und nachfolgenden ergänzt oder überhaupt erst erschlossen wird. Die Sätze der traditionellen Erzählung sind relativ bedeutungslose Bausteine eines größeren Ganzen, im Montageroman tragen sie ihre Bedeutung total in sich, liegen aber auf einem Haufen.

Wer das Genre kennt, weiß, dass unsere Lesegewohnheiten uns zuweilen Streiche spielen. Zufällige Satzfolgen ergeben unerwartete Zusammenhänge, die vom Autor nicht beabsichtigt waren. So findet sich in der Fassung von 1966, auf der die Übersetzung beruht, die Satzfolge: »Er legt die Hand auf die mit Schweißperlen besetzte Stirn. Er dreht sich um. Dir fehlt etwas.«

Mal kommentieren sich zwei Sätze ironisch: »Sie küsste ihn. Hoffen wir, dass es nichts Schlimmes ist.« Mal widersprechen sich die Sätze, mal übertreiben sie eine Darstellung, mal vermischen sie sich zu einem sprachlichen Kuddelmuddel, das an den *stream of consciousness* erinnert.

Man muss *Tristano* langsam lesen, darf nicht erwarten, dass mehr passiert, als dass die Sätze miteinander spielen. Es gibt keine Geschichte und sie hat keinen Anfang und kein Ende. So ist der Roman in gewisser Weise altertümlich, was für viele Werke der Avantgarde gilt – die Fluxus-Aktionen, die Filme von Andy Warhol und Jonas Mekas, die musikalischen Performances von John Cage.

Pasolini hat darüber geschimpft: »Nutzlose, aprioristische Suche nach längst anerkannten Neuigkeiten«. Dabei war er selber sein Leben lang auf der Suche nach der verlorenen Zeit.

Der etwas schlicht geratenen deutschen Ausgabe (Edition Suhrkamp 2579) ist ein Vorwort von Umberto Eco zur italienischen Ausgabe beigegeben, das die historische Dimension des 2007 endlich realisierten Projekts erörtert.

Eco spannt den Bogen bis zu Giordano Bruno, Harsdörffer, Clavius, Guldin, Mersenne, Leibniz – alle jene Propheten der Programmierbarkeit des Schönen, die ausgerechnet haben, wie viele Wörter man mit den Buchstaben des Alphabets herstellen kann. Welche für die Dichtkunst geeignet sind und welche nicht. Wie viele Bücher und Bibliotheken man damit füllen könnte. Wie viele musikalische Sequenzen man aus den notierbaren Tönen bilden könnte und wie viele Notenhefte man bräuchte.

Ihr Antrieb war das Erstaunen darüber, dass man mit so wenigen Buchstaben das gesamte schriftliche Erbe der Menschheit bis ans Ende der Welt erschaffen kann.

Balestrinis Projekt knüpfte hier an. Er gliederte seinen *Tristano* in 200 Abschnitte zu jeweils 15 Zeilen und ließ errechnen, wie oft man diese 200 Textbausteine permutieren kann. Dann wartete er auf die programmgesteuerte Druckmaschine, die in der Lage wäre, lauter Einzelausgaben zu drucken.

Jetzt ist es so weit. Jedes Buch hat einen anderen Text. Bei jedem Druckvorgang werden die Textbausteine anders zusammengesetzt.

Balestrini hat das Dogma der einmaligen und definitiven Originalversion eines literarischen Werks aufgehoben und das Gutenbergzeitalter, das stets nur identische Exemplare einer Schrift reproduzieren kann, hinter sich gelassen. Allein die rechnerisch denkbare Zahl zeigt, dass die derzeitige Weltbevölkerung nur ein Zehntel des Romans *Tristano* lesen könnte, sogar weniger.

Balestrinis Buch ist für das ganze Universum nicht zu wenig. Um das zu begreifen, sollte jeder mindestens zwei Exemplare kaufen, was kein Risiko ist. Es gibt keine zwei gleichen Ausgaben des Romans.

Wir haben am morgendlichen Frühstückstisch zu dritt drei Exemplare gleichzeitig gelesen – die Exemplare 7945, 7946 und 7947 »von 109 027 350 432 000 möglichen Romanen«, wie es auf dem Cover heißt, wo auch die Nummer jedes Exemplars vermerkt ist. Das vierte Familienmitglied hat zugehört und bestätigt: Sie sind ungleich. Im Grunde ist der Roman eine Sache für Lesegesellschaften. Auch dies eine Institution aus Omas Zeiten.

Also gründen Sie eine und lesen Sie sich das Buch reihum vor. Absatz für Absatz. So wird Lesen, Zuhören wieder zur Meditation. Ich habe das Buch im Krankenhaus übersetzt. Es hat mir sehr geholfen.

> *Nanni Balestrini: Tristano. Multipler Roman in Einzelausgaben. Suhrkamp, Frankfurt/M. 2009.*

Oui, 1983; Collage auf Papier, 27 x 33 cm

Franco Berardi Bifo

EIN HITZKOPF MIT KALTEM HERZEN

In den sechziger Jahren wird die italienische Kultur vom kalten Feuer eines Experimentalismus erfasst, der etwas kopflastig und manieristisch, beißend, ironisch und misstrauisch gegen jede Leidenschaftlichkeit ist. Man sprach von Neo-Avantgarde, um diese Bewegung von der historischen Avantgarde zu unterscheiden, die mit einem leidenschaftlichen, destruktiven und aggressiven Feuer gebrannt hatte. Der italienische Experimentalismus inspirierte sich an der Husserlschen Phänomenologie und am *nouveau roman*, verachtete es aber auch nicht, mit dem ideologischen Furor der Kritischen Theorie, dem Neomarxismus und dem damals weit verbreiteten Maoismus zu kokettieren. Darin liegt aber keine ideologische Identifikation oder wütende Teilhabe. Eher ein distanziertes Hofieren, ein Spiel mit Zitaten und Augenzwinkern. Aus dem kalten Feuer der Neo-Avantgarde sehen wir die engelhaft-teuflische Figur Nanni Balestrinis auftauchen.

Jemand (ich weiß nicht mehr, wer) sagte einmal, Balestrini sei (oder präsentiere sich gerne als) ein Hitzkopf mit kaltem Herzen. Deshalb könnten wir seine Lyrik engelhaft-teuflisch nennen: engelhafte Kälte der Form, der Aktionen, der Montage. Dämonische Hitze der Ereignisse, der Personen, der Darstellungen. Im Zentrum seines literarischen Werks taucht häufig die Gewalt auf.

Die Gewalt ist ein zentrales Thema in Balestrinis erzählerischem Werk von *Wir wollen alles* über *La violenza illustrata* und *I furiosi* bis hin zu *Sandokan*. In diesen Romanen wird uns die Gewalt in all ihren Versionen geschildert: die gute und befreiende der autonomen Arbeiter von 1969, die wütende und ohnmächtige der Marginalisierten aus der Großstadt, die psychopathische Gewalt der Fußballfans, die mörderische Gewalt der Camorra in der Peripherie von Neapel. Aber der Schriftsteller bleibt in all diesen Fällen außen vor, erstarrt, ironisch und distanziert, und bewegt seine Figuren wie etwas steife, verfremdete Marionetten mit ihren Monologen voll von falschem Feuer.

Die italienische Geschichte der letzten Jahrzehnte hat die Gewalt in verschiedenen Formen und in unterschiedlichen gesellschaftlichen und imaginären Zusammenhängen erlebt. Obwohl die Siebziger als »Bleierne Jahre« bezeichnet werden, würde ich nicht sagen, dass die Gewalt im Italien der Siebziger häufiger war als heute. Im Gegenteil, im Alltagsleben der postmodernen Jahrzehnte wurde die aggressive Unhöflichkeit zum Großstadtgewand und die stete Alltäglichkeit der privaten Gewalt ist sehr viel durchdringender und kontinuierlicher als in der Vergangenheit. In den Siebzigern wurde die Gewalt von Massenritualen absorbiert, sie war die Theaterinszenierung eines ideologischen Konflikts, die an einem bestimmten Punkt mit dem explosionsartigen Aufkommen der bewaffneten Gruppen zur blutigen Aktion wurde. Als der Rückgang der Bewegung und die Repression die Rituale der ideologischen Gewalt zerstört hatten, entluden sich nach und nach die Wellen der Gewalt der Mafia und Camorra, dann die Gewalt in den Stadien und schließlich die alltägliche Gewalt aufgrund der Marginalisierung und der Klandestinität, zu denen die Einwanderer gezwungen sind.

Balestrinis Blick ist stets mitfühlend und distanziert gewesen wie der Blick des Therapeuten. Er versteht, ohne Anteil zu nehmen, und seine Erzählung befreit das wütende Ereignis von jedem leidenschaftlichen Inhalt und lässt es so stehen, als Gestik ohne Inhalt. Balestrinis Poetik hat nichts mit Ausdruckskraft, mit psychologischer Introspektion zu tun. Seine Arbeit besteht darin, die Dinge neu zu kombinieren, indem er sie erstarren lässt. Er ist vielleicht der erste Dichter, von dem man sagen kann, dass er kein einziges Wort geschrieben hat. Kein eigenes Wort, denn Wörter sind für ihn Material zum Neukombinieren. Seine Geschichten entstehen aus der Aufzeichnung der lebendigen Stimmen der Protagonisten. Aber die Stimmen sind zerstückelt, neu zusammengesetzt, in Sequenzen montiert, deren Rhythmus der Rhythmus einer Gestikulation, eines Tanzes ist. Der Akt des Dichters besteht nicht darin, sich die Worte auszudenken, sondern ihre Funktionsweise, ihren Rhythmus und also ihre Ausdruckskraft zu bestimmen.

Schon Anfang der Sechziger hatte Balestrini per Computer Lyrik geschrieben. Deshalb war von da an seine kompositorische Methode ein Beispiel für diese kombinatorische Kunst, die erst in den Jahren der digitalen Revolution bewusst und explizit wird. Balestrini schreibt keine Worte, die aus dem Innern seiner Seele hervorsprudeln (hat Balestrini überhaupt eine Seele?), sondern er verkettet Sprachtrümmer, die er auf der Oberfläche des gewaltigen Stroms der sozialen Kommunikation erfasst hat, montiert aus dem Zusammenhang gerissene Bruchstücke, die durch die Explosivkraft des Kontakts mit bedeutungsvoller Energie aufgeladen werden.

Balestrini hat mit seinem langsamen und etwas tänzelnden Gang fünf Jahrzehnte italienischer Geschichte durchschritten, stets auf der Seite der Masse, um die Ereignisse in ein Werk zu verwandeln, das offen für Interpretationen und Inszenierungen ist. *Das offene Kunstwerk* ist der Titel eines Buchs, das Umberto Eco Anfang der Sechziger schrieb. Es handelte sich um ein wichtiges Werk für die Ausbildung eines postideologischen Verständnisses der künstlerischen Aktion. Das Werk, so sagte Eco, ist nicht mehr der geschlossene Behälter einer transparenten Botschaft. Das Werk ist ein Dispositiv, das fähig ist, Spiele der Interaktion, der Interpretation, der Neuauslegung und der Demontage in Gang zu setzen: Das Werk ist offen, weil es sich der Interpretation öffnet, ohne eine pädagogische, ideologische oder predigende Funktion anzustreben. So geht Balestrini vor, auch wenn sein Objekt ein heißes Objekt ist, wird es durch seine Behandlung in verbales Kristall verwandelt. Diese Poetik hat es verstanden, Jahrzehnt um Jahrzent das Auf und Ab der sozialen Bewegung zu durchlaufen. Flexibel und engagiert konnte Balestrinis poetische Manipulation die Wut und die Utopien, die Tragödien und den Wahnsinn der italienischen Gesellschaft abbilden.

Das Verhältnis zwischen Literatur und sozialen Bewegungen in Italien blieb in einer Wolke aus Missverständnissen hängen. Um 1968 herum entstand *Quindici*, eine Zeitschrift mit innovativer grafischer Konzeption, deren treibende Kraft Balestrini war. *Quindici* war eine großformatige Monatszeitschrift, die sich vornahm, jenen kosmopolitischen, ironischen Stil aus den Versuchen des Experimentalismus mit einer breiten Öffentlichkeit in Kontakt zu bringen – der Öffentlichkeit der Studenten, die auf die Straße gingen. Aber der Versuch hielt nicht lange an. Als die Bewegung radikaler wurde, wandte sich die Gruppe von Intellektuellen und Dichtern, die sich an der

Redaktion von *Quindici* beteiligt hatten, lieber ab; andererseits verstand die Studentenbewegung nicht so bald (nicht vor 1977), was die künstlerische und literarische Avantgarde dem Prozess der Weltveränderung zu bieten hatte.

Der Kontakt zwischen Experimentalismus und Studentenbewegung war begrenzt. Vielleicht wäre von Seiten der Studentenbewegung ein größeres Verständnis des innovativen Charakters des literarischen Experimentalismus besser gewesen, und andererseits wäre von Seiten der Schriftsteller und Künstler, die *Quindici* machten, ein größerer Mut zur Intervention in die Bewegung hilfreich gewesen. Leider geriet die innere Zusammensetzung der Gruppe, die *Quindici* gegründet hatte, in dem Moment in die Krise, als die Bewegung die Dämme brach. Der größte Teil dieser Intellektuellengruppe konnte sich dem Ernst nicht anschließen, den die Bewegung repräsentierte. Und die Bewegung bewies ihrerseits, dass sie nicht in der Lage war, den revolutionären Charakter zu erfassen, den die Leichtigkeit des literarischen Experimentierens darstellte. Eigentlich gelang es nur Balestrini, den tragisch-epischen Geist der revolutionären Bewegung mit dem ironisch-kombinatorischen Geist des literarischen Experimentalismus in Einklang zu bringen. Und das Ergebnis dieser Ehe war sein Roman *Wir wollen alles*, ein sprachlicher Sprengsatz mit kalkulierter Wirksamkeit und verhaltener Leidenschaftlichkeit.

Leidenschaft und Ironie vermischen sich in sehr gekonnter Dosierung miteinander und explodieren zusammen, wobei sie ein Buch hervorbringen, das man auf vielfältige Weise lesen kann. Man kann es lesen als epischen Bericht der sozialen Kämpfe des großstädtischen Proletariats. Man kann es lesen als mal eindringliche, mal sprunghafte Gegenstimme zur sich ausbreitenden politischen Entfremdung der Arbeiter. Man kann es lesen als Sympathiegeste der Sprache für das Leben.

Der Roman erzählt in erster Person die Geschichte der Emigration aus dem Süden und des Arbeiterkampfs in Turin. Die erste Person ist ein Arbeiter, den Balestrini sprechen ließ und genau aufzeichnete, um das Gesprochene mit einem Rhythmus neu zu mischen, der sich der Intention einer abwechslungsreichen, vielfarbigen und mehrstimmigen Poetik beugt. Das hat nichts zu tun mit Populismus oder deskriptivem Realismus. Die

Demontage und Neumontage wirkt perfekt auf das Sprachmaterial und führt zur Schaffung eines poetischen Mechanismus, in dem nicht der diskursive Inhalt zählt, sondern die rhythmische Emotion, die aus dem Fluss herrührt: Wellen, Rückflüsse, Wirbel, Unterbrechungen und Sprünge.

In den Siebzigern und Achtzigern begleitete Balestrini weiterhin die Sozialgeschichte und die kulturellen Subbewegungen mit neuen Romanen, die nach derselben Regel aufgebaut sind. *La violenza illustrata* inszeniert die großstädtischen Obsessionen, die makabren Riten der Wiederholung und des Konformismus. Der Roman *Die Unsichtbaren* erzählt das Alltagsleben des riesigen, aber unsichtbaren Teils der Gesellschaft, der an die Ränder des Lebens in der Gesellschaft und der Produktion verbannt war und neue Formen erzeugte, die mit der herrschenden Ordnung der Stadt unverträglich waren, und der dann in den Fängen der Repression, in den Hochsicherheitsknästen oder in den Teufelskreisen des Heroins landete. Und Balestrini gelingt es in dieser Erzählung, seinen ironischen, etwas tänzelnden Rhythmus aufrechtzuerhalten und dabei doch Material mit hochemotionalem Inhalt zu verarbeiten.

Der höchste Punkt seiner ganzen poetischen Parabel ist vielleicht mit dem 1994 erschienenen Roman *I furiosi* erreicht. In diesem Roman gibt die Montage der unsinnigen kollektiven Sprache der Fußballfans erfolgreich rhythmisch und emotional wieder, wie sich der gesellschaftliche Verstand auflöst, wie sich ein barbarisches Verhalten durchsetzt, wie Menschen in ein wahnsinniges Gebrüll hineinstürzen, wo sich nur Aggression, Krieg, blinde Zugehörigkeit und blinde Feindschaft abzeichnen.

Wir wollen alles stellte die fröhliche Epik eines Proletariats dar, das die Welt entdeckt, sich dem Anderssein, der Erfahrung öffnet und selbst die Gewalt als Instrument der Kommunikation und der Hoffnung benutzt. *Die Unsichtbaren* enthält noch ein Prinzip möglicher Utopie, wenn auch von der staatlichen Gewalt unterdrückt. Aber *I Furiosi* ist eine verzweifelte Epik, Explosion einer wahnsinnigen Energie, die sich dem Anderssein, der Erfahrung verschließt, die die Gewalt benutzt, um die Identität zu bekräftigen, um den Anderen zu entwerten, in ihrer Unfähigkeit, ihn anzuerkennen. *I Furiosi* zeichnet die Pathologie der Empfindlichkeit auf, die den kollektiven Verstand in den Neunzigern befällt.

Wenn wir also Balestrinis Weg von *Wir wollen alles* bis zu *I Furiosi* folgen, können wir einen literarischen Faden verfolgen, der den Prozess der Neuzusammensetzung und der Zersetzung der italienischen Gesellschaft verknüpft, von der Zeit der Massenbewegungen und der Demokratie von unten bis zur (scheinbar nicht enden wollenden) Zeit der Fernsehdiktatur und der Mafia an der Macht.

Aus dem Italienischen von Andreas Löhrer

Prontiacolpire (Bereitzuzuschlagen), 2011,
Collage und Acryl auf Leinwand

jörg burkhard
FÜR NANNI 80

»der kühnste und kühlste unter den ›novissimi‹.«
franco beltrametti 1985, in:
falk, nr. 30 – direkte dichtung aus italien

als WIR WOLLES ALLES auf deutsch bei trikont herauskommt,
bin ich buchhändler, der druckschriften wie waffen verkauft.
der verfassungsschutz sieht das genauso. doch statt der gesuch-
ten wildwestpistole im schmöker ist WIR WOLLEN ALLES die
M-16 mit buch als magazin.

frankfurter genossen, die sich stets als die überlegene-
ren aufführen, wollen auch alles. mit einer postille geklauten
namens fangen sie an, bei atomkraft, kanonen, dem außenmi-
nisterium machen sie nicht halt. was wollen sie noch ›alles‹?

uns tv-konsumenten, die als hobby-proktologen allabend-
lich die arschlöcher der nation inspizieren müssen, die anders
als bei yoko ono alle ziemlich gleich aussehen, könnte es egal
sein, wer das elektronische scheißhaus dauerbesetzt hält. die
arschvisagen der totalen reaktion – es sollen auch weibliche
dabei sein – stinken nach implosion in tausendjährige mitte.
falls man ein kreuzchen irgendwo hinmachen wollte, die haken
sind vorgedruckt. malt man vor die nullen eine NULL wird der
amtliche arschwisch ungültig. geht man gegen die faschisten
auf die straße, ist man verfassungsfeind. in der npd, nazi-par-
tei-deutschland, wird bereits jedes 6. mitglied vom verfassungsschutz, also vom steuerzahler – und das ist auch der penner, der
1 haufen mehrwertsteuer zahlt und nicht ›vorsteuerabzugsbe-
rechtigt‹ ist – alimentiert. gegendemonstranten kriegen wieder berufsverbot; so in baden-württemberg ein realschullehrer,
hier, in dieser kleinen, scheißfeinen stadt namens heidelberg,
wo im zoo einer der schimpansen perfekt den führergruß aus-
zuführen weiß. wer hat ihm das beigebracht?

ein paar mal lud nanni mich ins italien vor berlducesconi
ein: einmal als verwunderten saalräumer für venezia poesia,
wo die germanisten, die einen ›deutschen abend‹ mit 4 poeten
gebucht hatten, die elektroakustik flüchteten. andere luden
mich nach pavia ein (wo ich nanni wiedertraf) und reichten

mich nach locarno und lausanne weiter. das andere mal hatte ich bei roma poesia die halle irgendwann leer, was daran lag, dass partner schneider mit der diashow aus us-slawien fertig hatte und ich, heiser vom brüllen, das gar nicht gemerkt hatte in der apocalisse.

so im status des gastarbeiters lernte ich die kollegen, genossen, städte kennen, wie es anders nie möglich gewesen ist. dafür danke ich nanni und wünsche ihm, der unbeirrt ALLES will, zum achtzigsten wiegenfeste das allerbeste.

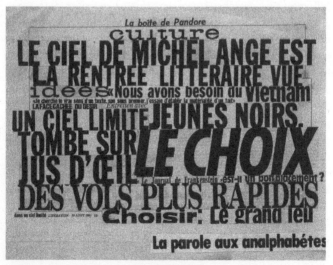

Le choix (Die Wahl), 1983; Collage auf Papier, 22,5 x 29,5 cm

Giairo Daghini
FÜR NANNI BALESTRINI

Ich habe Nanni Balestrini Anfang der Sechziger kennengelernt, als er in der Literatur die kompromisslose Demontage der sprachlichen Strukturen und der vorgegebenen Rhetorik betrieb. Stark beeindruckt hat mich seine Vorgehensweise, die Syntax, den Korpus der Sprache zu öffnen, den Signifikanten, wie es die Strukturalisten damals genannt haben, um sie in ihre unendlichen Moleküle zu zerlegen, ein Universum voller Energie, die er den Fesseln der Formen entzog. Mich beeindruckte gerade dieser Korpus, der offen war für das Mögliche, für den Zufall, die Ereignisse, die unbegrenzten Kombinationen des Sprachmaterials, für neue Entdeckungen und eine neue Qualität der Dinge. Ich spürte auch, dass in dieser Haltung etwas Unerschütterliches und Heroisches lag und schließlich eine Distanzierung gegenüber der damaligen Zeit, Gesellschaft, Geschichte und der Sprache als ihr Ausdruck.

Ich kann noch heute einige Fragmente der Sprachcollagen aus jenen Jahren auswendig, aus *Lo sventramento della storia*, einem der Gedichte aus *Come si agisce* von 1963, in dem es heißt »dass eine andere Geschichte möglich ist/ wenn wir wollen [...]/ hatte sich enorm vergrößert/ gegen die sterbende Sonne die Höhen die Infektion der Einbruch/ der Staub sie achteten nicht darauf häufte sich an/ [...] und der Widerwille [...] doch wenn man nach draußen blickte sah man/ trübe und stumpfe Farben und diesen tödlichen Regen [...]/ das Problem löst man nicht mit der Ersetzung der Prinzipien/ also indem man die Qualität der Dinge abschafft.«

Aus dieser Zeit stammen auch die Dichtungen am Computer, die damals als Schrullen betrachtet wurden, aber in Wirklichkeit regelrechte Vorwegnahmen von heute waren, in der die informatische Welt der Ort für die Erfindung der disparatesten Sprachen und Codices (aber auch der schlimmsten wie die der Kommunikation) ist. Aus jenen Jahren stammen auch die *Cronogrammi*, in denen Nanni in Formen visueller Montage setzt, was vorher Texte gewesen waren: Collagen von Wörtern in Aktion als Gefühle, Illumination durch Bilder. Computer und Chronogramme erweitern die Arbeit an der Sprache umfassend, was später auch Sprachpartikel einschließen wird, die Lautpoesie, in der die Stimme der Protagonist ist.

Seitdem war ich der Meinung, dass sein Verhalten gegenüber der Sprache etwas mit dem gegenüber der Politik zu tun hatte, soweit es Arbeit am Gedanken der Souveränität im Leben und in der Sprache war. Ich studierte damals Phänomenologie beim Philosophen Enzo Paci und arbeitete über Sartre und die Werke von Husserl, über die Intentionalität, über die Ausklammerung der gegebenen Welt und über die Suspendierung ihrer Gültigkeit, wie es in der *Krisis* heißt. Aus dieser Ausklammerung sollte für mich Marx und seine radikale Kritik der Gesellschaft des Mehrwerts herauskommen.

Mit Nanni traf ich mich in der zweiten Hälfte der Sechziger wieder: in den Kämpfen an der Universität, dann '69 bei FIAT und in den folgenden Jahren in der politischen Praxis von *Potere Operaio*; Jahre, die wir in den Bewegungen der Großstädte erlebten, wo die Auffassung vorherrschte, dass das Handeln in der Politik und in der Kultur in sehr ähnlichen Prozessen ablaufen kann, in denen sich die sowohl körperlichen als auch geistigen Figuren einer permanent neuerfundenen Geschichte und Geografie formen. In diesen Bewegungen hat sich auch das Gedächtnis einer Generation gebildet, die ihre beste Energie in das umfassend praktizierte revolutionäre Erlebte gesteckt hat. Und gerade diesen Lebensläufen, diesen Erlebnissen, die bis auf den Grund der Dinge gehen, wird Nanni das glühende Material für seine Romane entnehmen. Genau das war es, was mich beeindruckte, als in den Jahren bei FIAT *Wir wollen alles* erschien. Man war mit einer Sprache konfrontiert, mit einer lebendigen Materie, die nach bestimmten Rhythmen, Beschleunigungen und Verkettungen übernommen und neumontiert war, mit all ihren Komponenten der leidenschaftlichen Revolte, der komisch-ironischen Distanz und der libertären Erfindung, womit sie sowohl aus den Formen der Fabrikgesellschaft als auch aus denen der damaligen literarischen Gesellschaft heraustritt, wie es Nanni schon in seinem vorherigen lyrischen Werk gemacht hatte und was er nun auf den belletristischen Text anwandte.

Später, bei *Die Unsichtbaren,* ist es eine Stimme, die scheinbar aus einem Bergwerk kommt, in dem mehr als eine Generation nach ständig veränderten Regeln ihren Ausstieg aus der Unterwelt verspielt hat, und die wir nun hier in diesem Buch finden als die Stimme jenes »anderen Gesichts der Gegenwart«, das in den Gefängnissen begraben ist, eingefroren in der Starrheit eines Gesetzes, eine Stimme, die die Emotion in erster Person erlebter Ereignisse erzählt, und in dem Nannis Arbeit am Text Wunden von sehr starker Emotion eröffnet, die in unserer Zeit fast unerträglich sind.

In den Sprachmaterialien, die Nanni entnahm und bearbeitete, fühlte ich immer Bewegungen und Lebensabschnitte fließen, die in direktem Zugriff erlangt wurden, und als solche Bewegungen, die konstitutiv sind für Gedanken, Ideen, ein Schreiben, das sich sehr unterscheidet von dem, das bereits fertige Ideen in die Sprache einbringt. Ich empfand Nannis Schreiben stets verbunden mit all dem Sprachmaterial als expressive Blöcke der Bewegung der Dinge, ihres Implodierens und ihres Neuanfangs. Wenn Nanni daher Material sammelt und bearbeitet, schreibt er die Ereignisse einer heutigen Geschichte. Ich glaube sagen zu können, dass es keinen Unterschied gibt zwischen dem dichterischen Balestrini und dem politischen Nanni. In unserer gemeinsamen politischen Arbeit haben wir immer die vorgegebenen Kategorien und Formen verlassen, um in andere Welten zu gelangen. So ist Nanni auch in seinem Schreiben ein Dichter des Werdens, derjenige, der die Formen verlässt, auch auf die Gefahr der Aphasie hin, um zu einer anderen Sprache zu gelangen. Eine seltene Figur, in der der Schreibstil der der radikalen Linken ist und die politische Praxis das experimentelle Schreiben.

In den 80er und 90ern, den Jahren der Niederlage, haben viele von uns begonnen, mit »der Zukunft hinter uns« zu leben, wie ein schöner Ausdruck Hannah Arendts lautet, also mit dem Bild einer Zukunft, die die Wiederholung dessen sein sollte, was wir erlebt haben, das sich aber in ihren revolutionären Absichten aufgelöst zu haben scheint. Deshalb, wie Balestrini sagen würde, »machen wir eine andere«, oder wie es in den schönen Versen von Elektra, seiner jüngsten *opera-poesia* heißt: »Doch für den, der das Leben / stets bis auf den Grund erfasst hat / gilt der außerordentliche Zauber / dieser Herausforderung zu leben / und sich dabei weiterhin zu messen / mit der eigenen Zeit mit der Verfügbarkeit / die keine Lektion ist und mit der Begeisterung / einer permanenten Entdeckung«.

Aus dem Italienischen von Andreas Löhrer

la parola a

LA RICERCA

GLI ESPERIMENTI

L'AVAN

STI

MAGICHE RIVELAZIONI

L'avanguardia, 2014,
Tintenstrahl auf
Leinwand,
189 x 246 cm
(nach Delacroix,
Die Dante-Barke)

Bert Papenfuß
ES GIBT KEINE FREIHEIT

Es gibt keine Freiheit
für die Feinde der Freiheit.
Es gibt keine Freiheit
für die Freunde der Freiheit.
Die Freiheit ist eine Schimäre,
schwelgt stets in einer Affäre.
Die Freiheit wird nicht kommen,
Freiheit wird sich rausgenommen.
Durch tätige Befreiung abgetrotzt,
in die Fresse der Peiniger gerotzt.

Es gibt keine Freiheit
in der Diktatur der Bourgeoisie,
Demokratie genannt, Sklaverei ist gemeint.
Es gibt keine Freiheit
in der Diktatur des Proletariats,
Sozialismus genannt. Bestenfalls Toleranz.
Die Freiheit wird nicht kommen,
Freiheit wird sich rausgenommen.
Wird Staatsapparaten abgetrotzt,
in die Klos der Büros gekotzt.

Es gibt keine Freiheit
in der Diktatur der Bourgeoisie,
Demokratie genannt, Sklaverei ist gemeint.
Es gibt keine Freiheit
unterm Diktat der Militärindustrie,
Faschismus genannt, Sklaverei ist gemeint.
Die Freiheit wird nicht kommen,
Freiheit wird sich rausgenommen.
Wird durch militanten Widerstand
mühsam errungen Land für Land.

Es gibt keine Freiheit
unter der Knute des Adels,

Monarchie genannt, Sklaverei ist gemeint.
Es gibt keine Freiheit
unter der Fuchtel des Häuptlings,
Stammesgesellschaft genannt, Sklaverei ist gemeint.
Die Freiheit wird nicht kommen,
Freiheit wird sich rausgenommen.
Der Aufstand der unterdrückten Masse
fegt hinweg die herrschende Klasse.

Es gibt keine Freiheit
unter einem magischen Matronat,
Urgesellschaft genannt. Bestenfalls Toleranz.
Es gibt keine Freiheit
unter der Führung der Stärksten,
Amorphismus genannt. Bestenfalls Toleranz.
Die Freiheit wird nicht kommen,
Freiheit wird sich rausgenommen.
Frisch die Schläfrigen geweckt,
und ums Verrecken angeeckt.

Es gibt keine Freiheit
in der keulenschwingenden Horde,
Selbstbezeichnung unbekannt. Guten Appetit.
Es gibt keine Freiheit
im Rudel unter einem Leitwolf,
Selbstbezeichnung unverständlich. Guten Appetit.
Die Freiheit wird nicht kommen,
Freiheit wird sich rausgenommen.
Auf die Fuchtel wird geschissen,
und Alpha in die Flucht gebissen.

Es gibt keine Freiheit
im Trott der Herde, den Fürzen
des Leithammels folgend. Toleranz unbekannt.
Es gibt keine Freiheit
im Schatten üppigen Gestrüpps,
das auch nur ans Licht will. Toleranz unbekannt.
Die Freiheit wird nicht kommen,
Freiheit wird sich rausgenommen.

Den Hammel in die Schlucht gestürzt,
dem Gestrüpp die Zweige gekürzt.

Es gibt keine Freiheit
unter der Erde, gesetzmäßig bebt
die Lithosphäre. Begriffe sind dort unbekannt.
Es gibt keine Freiheit
im Erdkern, es gibt keine Fragen.
Nickel, Eisen und Kobalt haben das große Sagen.
Die Freiheit wird nicht kommen,
Freiheit wird sich rausgenommen.
Stein waren wir doch alle schon mal,
durch Empörung werden wir Metall.

Es gibt keine Freiheit
im Atomkern, dort geht alles
ausnahmsweise seinen geregelten Gang.
Es gibt keine Freiheit
in der Regel – im Trudeln
der Revolte springt die Qualität.
Die Freiheit wird nicht kommen,
Freiheit wird sich rausgenommen.
Die richtige Schwingung in Gang,
und schon tanzt Zweck mit Zwang.

Es gibt keine Freiheit
für die Feinde der Freiheit.
Es gibt keine Freiheit
für die Freunde der Freiheit.
Die Freiheit ist eine Schimäre,
schwelgt stets in einer Affäre.
Die Freiheit wird nicht kommen,
Freiheit wird sich rausgenommen,
durch tätige Befreiung abgetrotzt,
in die Fresse der Peiniger gerotzt.

Jürgen Ploog
BALESTRINI ON THE RUN

Ein Mann auf der Flucht. Das meine ich nicht wörtlich, obwohl ich gerade lese, dass er tatsächlich einmal auf der Flucht war, als er 1979 steckbrieflich gesucht wurde. Er kann gewarnt werden & »flieht auf Skiern über die Alpen nach Frankreich«. Nach fünf Jahren Exil wird er schliesslich freigesprochen.

Der andere Balestrini stellt auf der Biennale in Venedig die Plastik Grande Cubo aus & bringt die damit verbundene Botschaft in formalen Zusammenhang. »Schreiben ist ein linearer Vorgang«, sagt er. »Aber schon im Altertum gab es Versuche, über die Zweidimensionalität der Oberfläche hinauszugehen.« Auch: »Die Botschaft von Poesie & Kunst bleibt auf das Individuum beschränkt – ohne Reaktion oder Zustimmung zu fordern –, als Ausdruck & Mitteilung seiner selbst. Ein Kunstprodukt muss keine Botschaft transportieren oder Informationen wiedergeben.«

Ein Mann der Widersprüche, offensichtlich. Einmal wird er als »kein in erster Linie politisch motivierter Autor« bezeichnet, dann wieder als linksradikaler Militanter. Ein extrovertierter Autor, der alles auf- & angreift, was gerade am Zeithorizont aufblitzt. Feltrinelli & die Roten Brigaden … Jugendrevolte & Streik bei FIAT … die sich während & nach Fussballspielen entladende blindwütige Gewalt (*I Furiosi*) … Balestrinis Radar scheint aufs Grelle & grob Gerasterte ausgerichtet. Kein Wunder, dass dabei Maximalforderungen herauskommen, die in Maximen gipfeln wie: »Wir wollen alles – und zwar umsonst, sofort und für alle.«

Das erinnert an die 1960er Jahre, als die revoutionären Luftsprünge nicht hoch genug sein konnten (siehe Che Guevara: »Seien wir realistisch & versuchen wir das Unmögliche«). Sprünge ins Utopische enden allerdings meist unsanft auf dem Trockenen. Sozialromantik? Möglicherweise geht es hier um ein uritalienisches Phänomen, bei dem Kultur & Politik eine Verbindung eingehen, durch die sie sich neu definieren. Ein Phänomen, hinter dem sich unter Umständen eine neue Poesie verbirgt, auch wenn dessen vitale Erscheinungsformen sich dem Cisalpino letztendlich entziehen, der sich in einem soziokulturellen Umfeld bewegt, das weitgehend zusammengebrochen ist (von Milieubiotopen einmal abgesehen) & wo der Schlachtruf der Utopie grell & verzweifelt klingt. Anlass zu Hoffnungen, die sich mit Slogans umsetzen liessen, gibt es jedenfalls nicht. Eher schon die Versuchung, der Subjektivität des Unbekannten zu erliegen.

Muss einer sterben, um als unabhängiger Schreiber weiterzuleben? Der autarke Autor ist dazu verdammt, ein unsichtbares Dasein zu fristen. Abgelehnt & ablehnend … Jedenfalls darf er um keinen Preis dem Bekannten erliegen, also dem, was öffentlich umgeht. Zweifellos wird seine Umgebung alles ablehnen, worum es ihm geht, womit er sich beschäftigt, wofür er steht. Wenn er ernsthaft daran festhält, tritt er notgedrungen aus der Zeit, wie einst die Propheten, die sich in einer visionären Einheit aus Zukunft, Vergangenheit & Zukunft bewegten.

Im Gegenzug zur Ablehnung, die ihn trifft, bleibt es auch dem Autor verwehrt, sich auf Zeitbehaftetes einzulassen, das sich in kümmerlichen Zusprüchen & Ablenkungen niederschlägt. Vor allem darauf, was der »Betrieb« literarisch als möglich (sprich gängig) erachtet. Kurz: Alles, was mit gepflegter Mediokrität & unauffälliger Art von Zeitvertreib zu tun hat (auch als Unterhaltungswert bekannt).

Schon mal aufgefallen, dass auch Zeit als monetärer Gegenwert gehandelt wird? Freizeit als Zeit, in der sich der Profit auf geldlose Vorteile verlegt. Gesellschaftliche & kulturelle Veranstaltungen buhlen um eine vom Geldwert emanzipierte Zeit, bei denen Geldverdienen ins Gegenteil umschlägt.

Der autarke Autor stirbt 1000 Tode. Er lebt nicht nur mit Toten (mit kultureller Hinterlassenschaft), er lebt mit dem Tod. Er hat keine Stimme, insofern ist er stumm, also selbst tot. Alles Lebende um ihn muss ihn mit Abscheu erfüllen. Massenveranstaltungen, Familienleben, Auswüchse des kulinarischen Kults, hemmungslos in Ferienstimmung freigesetzte Energien … kurz: massenhafte Entseelung & Erfolgsabhängigkeit, die längst auch aufs sogenannte Kulturleben übergegriffen haben.

Was bringt es dem Autor, sich in eine negative Ästhetik zu flüchten? Ablehnung, deren Sinn in der allgemeinen Konsenstrance ins Leere geht, die der Mainstream kultiviert. In Negativen denken setzt einen hohen Aufwand an Vorstellungskraft voraus, zum Beispiel eine Themenauswahl dessen, was in Zeitungen nicht zu finden ist. Themen, die einst als Domäne des sogenannten Untergrunds galten. Oder sich auf Leute zu besinnen, die nicht in Talkshows auftreten. Eine Herausforderung, die weit aufwendiger ist als Zeitunglesen oder sich aufs Fernsehprogramm einlassen.

Das Negative als Teil des Bilds analog zur Fotografie. Der Mensch ist darauf eingeschworen, Positives zu sehen, den Reiz des Negativen ignoriert er. Diese Einäugigkeit rächt sich. In mancher Hinsicht zeigt sich, wie dieses zur Schablone erstarrte Weltbild kippt, wenn die von ihm bislang aufgesogenen Schreckensbilder die Schlagzeilen bestimmen.

Hat Kunst eine Aufgabe in diesem Szenario? Fraglos, auch wenn sie nicht kausal, sozusagen begrifflich zu qualifizieren ist. Kunst im weitesten Sinn ist dabei nur eine Umschreibung für etwas, das tief ins menschliche Bewusstsein eingeschrieben ist & in unterschiedlichsten Manifestationen zum Ausdruck kommen kann. Insofern stimmt der utopische Slogan, dass jeder ein Künstler ist, besser: dass jeder ein Künstler sein kann. Der wahre Künstler meidet die Rolle, die ihn in der Öffentlichkeit mit »Kunst« in Verbindung bringt. Im Extremfall müsste er sich wie einst Marcel Duchamp dazu durchringen, auf jede »künstlerische« Produktion zu verzichten & stattdessen kochen, Holz hacken oder spinnen. Das heisst, Entwürfe des Abgelegenen & Ausgegrenzten liefern. Das entspräche seinem geistigen Zustand mehr als sich mit Randbemerkungen (wie im Feuilleton) zu begnügen. Denn es sind Randbedingungen, unter denen er arbeitet. Romantische Gemüter mögen das für ein Zeichen von Veredelung halten, die Entsagung mit sich bringt. Spitzweg lässt grüssen … Tatsächlich handelt es sich dabei um ein wohlfeiles bürgerliches Klischee. Der Autor muss leiden, während der Bürger sich den Bauch vollschlägt & seine Villen mit spekulativ aussichtsreichen Kunstobjekten schmückt.

Nun ja, diese Schablone kippt, sie ist realiter längst gestürzt. Der Künstler tut gut daran, unsichtbar zu bleiben. Wenn er ins sogenannte Leben tritt, wird er sich tarnen. Mit Geschick kann es ihm gelingen, manche Rolle besser zu spielen als jene, denen sie umständehalber zugefallen ist & die nicht wissen, worauf sie sich eingelassen haben.

Nach einem gängigen Science-fiction-Mythos sind die Grays unter uns. Für einen Künstler wäre das keine schlechte Deckidentität, zumindest eine, die ihm freien Zugang zu jener Dimension verschaffen könnte, der er sich verschrieben hat.

In Italia, 2001; Tintenstrahl auf Leinwand, 98,5 x 98,5 cm

Michael Wildenhain
DIE FORM SCHÜTZT DAS BESCHRIEBENE

1990 – oder 1991 – wurde ich von Nanni Balestrini zu einem Fluxus-Festival nach Mailand eingeladen. Vielleicht befand ich mich als Autor nicht ganz am richtigen Ort, vielleicht war ich auch Teil eines umfassenderen Kunstkonzepts, jedenfalls hatte ich an einem der Festival-Tage eine Lesung in einem kleinen Theater. Ich weiß nicht mehr genau, was ich las, ich weiß nur noch, dass es sich um einen Auszug (oder Anfang) aus einem längeren literarischen Text handelte, einem stark rhythmisierten Text, der ein politisches Geschehen beschrieb, eine Demonstration, vermute ich, eine militante Auseinandersetzung mit der Polizei. Ich saß auf einer Bühne, las meinen Text in deutscher Sprache und konnte das italienische Publikum nicht sehen, weil die Bühnenscheinwerfer, wie im Theater üblich, so eingestellt waren, dass ich in einen schwarzen Raum hineinlesen musste, blind und zu Leuten, die mich überwiegend nicht verstanden. Also konzentrierte ich mich auf den Rhythmus, ich sagte mir: Wenn keiner der Zuhörer den Inhalt nachvollziehen kann, muss mein Text wie ein Musikstück sein, eine Melodie und eben ein Rhythmus, die aus sich heraus einen Sog erzeugen, der das Publikum unabhängig vom Dargestellten, vom Beschriebenen in den Bann zieht. Ich weiß nicht, ob ich dem Gedanken des Fluxus damals nahegekommen bin, ich weiß nur, dass ich mir seltsam vorkam, ohne Bindung an die, die mir gegenübersaßen, dennoch eins mit meinem Vortrag wie sonst selten.

Eine ganze Weile habe ich gedacht, ähnlich könnte es Nanni Balestrini mit seinen Romanen und Prosaarbeiten unterdessen gehen (ich kenne nur die Bücher, die ins Deutsche übersetzt worden sind): Auf ästhetisch hochkonzentrierte Weise wird ein Geschehen beschrieben, das dem allergrößten Teil der potentiellen Leser fremd geworden ist oder nie bekannt war – der Rhythmus trägt, der literarische Ansatz ist unmittelbar einleuchtend, aber der dargestellte Inhalt scheint einer anderen Wirklichkeit zu entstammen als der, inzwischen, unseren. Und ich hatte deswegen eine gewisse Scheu, die Bücher von Nanni Balestrini – *Wir wollen alles, Die Unsichtbaren, Der Verleger* (für *I Furiosi* trifft das Gesagte in geringerem Maß zu) – noch einmal zu lesen, weil ich mich davor fürchtete, sentimental zu werden, leise zu mir zu sagen »Ja, damals …« oder auf eine ähnliche Art zu reagieren. Bis ich mich einmal anlässlich eines Seminars am Deutschen Literaturinstitut in Leipzig (mit dem schönen Titel: Schreiben von politischer Literatur?) entschlossen habe, unter anderem *Die Unsichtbaren* zur Grundlage der Veranstaltung zu machen, als ein Buch, das meine Vorstellung von »politischer Literatur« besser als die meisten verdeutlicht. Zu dem Seminar kamen mehr als die befürchteten drei bis fünf Studenten, die meisten blieben bis zum Schluss und einige haben *Die Unsichtbaren* in der Tat gelesen.

Und vielleicht ist es ihnen so wie mir – beim Wiederlesen – gegangen: Sie haben, trotz der möglichen Ferne zum Gegenstand, gespürt, dass die Form das Beschriebene schützt, dass nur der ästhetische Ansatz, die be- und gearbeitete Sprache, der Rhythmus, der die Abschnitte zu Gesängen werden lässt, dass allein die konzentrierte Weise, *wie* etwas dargestellt wird, den Inhalt über die Zeit hinweg bewahrt. Und auch wenn das Publikum, der mögliche Adressat die Sprache, die Nanni Balestrini wählt, für eine Weile nicht versteht (oder nicht verstehen möchte), hat sie Bestand und sorgt deshalb dafür, dass wir, zum Beispiel, erfahren können, wie in einem vermeintlich zivilisierten Land mit einer Häftlingsrevolte umgegangen wird, wie sie niedergeschlagen wird, und wir können trotz aller Verblüffung – oder Abwehr – wissen, denn das wird uns eben allein *durch* die literarische Sprache von Balestrini nahegebracht, wie dünn der Firnis humanen Gebarens in unserer Gesellschaft ist und wie schnell der Schein aufbrechen kann. Und indem Nanni Balestrini an die sozialen Kämpfe, hier am Beispiel Italiens, erinnert, und indem er Sorge getragen hat, dass das Dargestellte in einer literarisch adäquaten (und insofern der einzig möglichen) Form bewahrt bleibt, zeigt er uns, woher wir kommen. Mehr kann Literatur kaum leisten, dachte ich und dachte: Ja, heute, und war froh, dass ich das Buch noch einmal gelesen hatte. Herzlichen Glückwunsch!

Andreas Löhrer

DER UNERMÜDLICHE HERAUSGEBER UND
ORGANISATOR NANNI BALESTRINI

»Es ist ein wenig meine Krux, dass ich immer in diese Rolle
gedrängt wurde: das Organisieren von Kongressen, Festi-
vals, Zeitschriften … Ich mag schon einige organisatorische
Qualitäten haben, aber ich muss das eigentlich nicht um
jeden Preis machen. Niemand wollte etwas davon wissen,
jedes Mal spannten sie mich dafür ein, bis es irgendwann
natürlich war, dass ich mich immer um die organisatori-
schen Aspekte kümmerte. Noch heute bei alfabeta2 geht es
mir so. Und dann habe ich ja auch durch meine verlegeri-
sche Arbeit einige berufliche Kniffe gelernt.«

Ottimista senza speranza. Interview mit
Andrea Cortelessa, in: alfabeta 2, 27. August 2010

Eines der vielen Aktionsfelder, auf denen Balestrini aktiv war,
ist die Herausgabe von Zeitschriften und Bücherreihen.

Schon mit 21 Jahren wurde er 1956 Redaktionsmitglied
der frisch gegründeten Literaturzeitschrift *Il Verri*, die den
Anspruch hatte, den Staub der Nachkriegsliteratur abzuschüt-
teln und der italienischen Literaturlandschaft neue Impulse zu
vermitteln. Gründer und Leiter von *Il Verri* war Luciano Anceschi, Balestrinis Philosophielehrer am Mailänder Gymnasium
»Vittorio Veneto«. Hier lernte Balestrini das ganze Handwerks-
zeug eines Zeitschriftenbetriebs, das ihm in den darauffolgen-
den Jahren sehr nützlich sein sollte. Und er lernte die weiteren Mitarbeiter von *Il Verri* kennen: Renato Barilli, Alfredo
Giuliani, Antonio Porta (mit richtigem Namen Leo Paolazzi)
und Edoardo Sanguineti, den Kern der späteren »Novissimi«.
Zusätzlich zur Zeitschrift, in der Balestrini seine erste Lyrik
veröffentlichte, erschienen zwei Buchreihen: *Quaderni del Verri*
und *Biblioteca del Verri*, in denen zum ersten Mal in Italien
Autoren wie Nathalie Sarraute, Alain Robbe-Grillet und William S. Burroughs vorgestellt wurden.

1961 wurde dort die Anthologie *I Novissimi. Poesia per gli
anni '60* publiziert, die die italienische Neo-Avantgarde einläu-
tete, mit Texten von Nanni Balestrini, Alfredo Giuliani, Elio

Pagliarani, Antonio Porta und Edoardo Sanguineti, alles Mitarbeiter der Zeitschrift. Ab 1962 erschien *Il Verri* beim Verlag von Giangiacomo Feltrinelli. Im gleichen Jahr begann Balestrini als Lektor beim Feltrinelli-Verlag zu arbeiten. Er betreute neben der Zeitschrift auch Werke italienischer Schriftsteller wie Sanguineti, Giorgio Manganelli und Alberto Arbasino sowie Rolf Hochhuths *Stellvertreter*, dessen Theateraufführung in Rom auf Veranlassung der Staatsanwaltschaft verhindert wurde. 1963 gab Balestrini die *Antologia 63* heraus, eine Sammlung von Werken des vom ihm mitgegründeten »Gruppo 63«.

Nachdem sich Giorgio Bassani, der die römische Filiale des Feltrinelli-Verlags geleitet hatte, mit Feltrinelli überworfen hatte, wurde Balestrini sein Nachfolger und zog von Mailand nach Rom.

Neben seinem Engagement für den »Gruppo 63« und dessen jährlich stattfindenden Treffen, regte Balestrini bei Feltrinelli die Reihe *Materiali* an, in der neben den üblichen Neo-Avantgardisten und seinen eigenen Werken (*Come si agisce*, 1963) auch Peter Handke und John Cage erschienen.

Im Umfeld des »Gruppo 63« kommt die Idee auf, eine eigene Zeitschrift zu gründen, die auch jüngere Avantgarde-Autoren anspricht. So entsteht 1967 *Quindici*, deren Redaktion sich in Balestrinis römischer Wohnung befindet und zu deren Mitarbeitern wieder Barilli, Giuliani, Pagliarani, Porta und Sanguineti, außerdem Alberto Arbasino, Umberto Eco und Giorgio Manganelli zählen. Mit der Entstehung der Studentenbewegung von 1968 kommt es zu einem engen Austausch zwischen *Quindici* und den Aktivisten, die Zeitschrift veröffentlicht Dokumente über Fakultätsbesetzungen in Rom und anderen italienischen Städten. *Quindici* publiziert immer mehr politische Artikel, darunter solche, die sich mit der Situation in Lateinamerika oder dem Prager Frühling beschäftigen. Diese Hinwendung einer Literaturzeitschrift zur Politik wird von einigen der Gründungsmitglieder nicht gutgeheißen. Es kommt zu Austritten und schließlich im Sommer 1969 zur Einstellung der Zeitschrift (siehe auch den Beitrag von Franco Berardi Bifo: »Ein Hitzkopf mit kalten Herzen«).

Doch schon entstehen neue Aktivitäten: Im September 1969 erscheint die erste Nummer der Zeitung *Potere Operaio*

(Arbeitermacht) der gerade gegründeten gleichnamigen politischen Gruppe. Balestrinis Wohnung wird wieder zum Redaktionssitz. Gründungsmitglieder sind Antonio Negri, Franco Piperno, Oreste Scalzone, Giairo Daghini und Sergio Bologna; die Ersteren waren später von der Verhaftungswelle des 7. April 1979 betroffen. Hintergrund der Zeitschrift waren die Studentenbewegung (Piperno und Scalzone waren Aktivisten bei der Fakultätsbesetzung in Rom gewesen) und die Arbeiterkämpfe u.a. bei FIAT in Turin, die 1971 schließlich in Balestrinis Roman *Wir wollen alles* literarisch verarbeitet wurden. Parallel publizierte er 1969 mit Feltrinellis Unterstützung zwei Ausgaben der Zeitschrift *Compagni*, (eine Art Nachfolgerin der Zeitschrift *Quindici*).

Nach dem Tod Feltrinellis am 14. März 1972 bei einem versuchten Sabotageakt an einem Strommasten in Segrate im Mailänder Umland verließ Balestrini den Verlag. 1974–76 gab er für den Verlag Marsilio die Reihe *Collettivo* heraus, in der u.a. *Scrittura e movimento* von Franco Berardi erschien, aber auch Bücher über die italienische Arbeiterbewegung und die lateinamerikanische Guerilla.

Nach der Auflösung der Gruppe »Potere Operaio« im Jahre 1973 war Balestrini im Umfeld der entstehenden »Autonomia Operaia« aktiv. In diesem Zusammenhang war er auch an der Zeitschrift *Rosso* (1975–1978) beteiligt, die von der Mailänder »Autonomia« herausgegeben wurde. Es entstand ein Netz von Kleinverlagen und Zeitschriften, wie z.B. Cooperativa scrittori, *l'Erba voglio*, *Aut Aut*, *Re Nudo*, die sich 1975 unter Balestrinis organisatorischer Mitwirkung in Mailand zu einem Kollektiv zusammenschlossen. »Ar&a« diente als Druckerei und Vertrieb zur Publikation von Zeitungen, Zeitschriften und Büchern.

»Mindestens zehn kleine Verlage schaffen zusammen mit technisch einfach ausgestatteten Druckereien eine Offset-Maschine an, die ein paar tausend Mark kostet und einen guten Druck erlaubt. Es werden sehr geringe Auflagen gedruckt, und die Verteilung erfolgt über ein alternatives Vertriebsnetz. (...) Für sie zählt und ist von vitaler Bedeutung, zum richtigen Zeitpunkt mit dem richtigen Buch herauszukommen. Für die Herstellung reichen gewöhnlich zwei oder drei Monate. Das Publikum, mit dem sie kommunizieren, ist begrenzt. Das Bedürfnis, das nach einer Antwort verlangt, tritt oft erst hervor oder bildet sich gerade, deshalb sind die durchschnittlichen Auflagen von 3.000 Exemplaren fast immer ausreichend« (Primo Moroni/ Nanni Balestrini: *Die goldene Horde. Arbeiterautonomie, Jugendrevolte und bewaffneter Kampf.* Berlin 1994, S. 390f).

Doch diese Erfahrung war nur von kurzer Dauer: 1978 musste »Ar&a« schließen. Prozesse gegen Verleger und Redakteure, wirtschaftlicher Boykott und Pressekampagnen machten die Arbeit zunehmend unmöglich.

Balestrini hatte aber wieder neue Pläne. Mit *alfabeta* wurde Anfang 1979 eine neue Zeitschrift für Literatur und Kultur gegründet, als direkte Reaktion auf die schwierige politische Situation. Sie sollte gerade keine homogene politische Richtung vertreten. Die Mitarbeiter waren Maria Corti, Umberto Eco, Gino Di Maggio, Francesco Leonetti, Antonio Porta, Pier Aldo Rovatti, Mario Spinella, Gianni Sassi und Paolo Volponi. Doch Balestrini musste vor Erscheinen der ersten Ausgabe im April 1979 aus Italien fliehen und konnte fortan nicht mehr an den Redaktionssitzungen teilnehmen. Von Paris aus beteiligte er sich weiterhin mit redaktionellen Beiträgen. Themen von *alfabeta* waren die politische Repression und das Schweigen der Intellektuellen, die Komplizenschaft der KPI bei der Repression, die Verarmung der politisch-kulturellen Debatte und das Erbe der 68er-Bewegung.

Auch in Paris gründete Balestrini eine neue Zeitschrift: *Change International*, mit Félix Guattari, Jean-Pierre Faye und Giairo Daghini. Die erste Nummer erschien 1983. Autoren waren u.a. Paul Virilio, Gilles Deleuze und Jean-François Lyotard. Natürlich waren die politische Situation in Italien, die Verhaftungen und Prozesse wichtige Themen. In *Change International* veröffentlichte Balestrini auf Französisch Auszüge aus seinem Langgedicht *Blackout*.

Alfabeta wurde 1988 eingestellt. Ende der Achtziger begann Balestrini für den SugarCo-Verlag mit der Herausgabe der Buchreihe *Immaginari*. Dort erschien z.B. Guy Debords *Die Gesellschaft des Spektakels*, Paul Virilios *Die Sehmaschine*, Émile Zolas *Römisches Tagebuch* und *Mogadischu Fensterplatz* von F.C. Delius.

1997 publiziert Balestrini mit Renato Barilli die Kulturzeit-schrift *La bestia*, die sich u.a. auch mit jungen italienischen Autoren der Gruppe »Cannibali« wie Niccolò Ammaniti beschäftigte.

2010 schließlich entschloss sich Balestrini, mit alten und neuen Weggefährten wieder eine Zeitschrift zu gründen, dieses Mal in direkter Anlehnung als *alfabeta 2*, deren erste Ausgabe im Juli 2010 erschien. Ähnlich wie 1979 sollte die neue Zeit-schrift neuen Schwung in die kulturelle und politische Debatte bringen und war eine direkte Antwort auf die Verheerungen der Berlusconi-Ära. Mitarbeiter der Redaktion sind Ilaria Bussoni, Maria Teresa Carbone, Andrea Cortellessa, Manuela Gandini, Andrea Inglese, Nicolas Martino, Giorgio Mascitelli und Lucia Tozzi. Im »Comitato storico« sitzen Mitarbeiter der alten *alfabeta*-Redaktion: Umberto Eco, Maurizio Ferraris, Carlo Formenti, Francesco Leonetti und Pier Aldo Rovatti. Seit Juni 2014 erscheint *alfabeta 2* nicht mehr auf Papier, sondern ausschließlich als Online-Zeitschrift (www.alfabeta2.it/).

»Mir ist klar, dass ich das Glück hatte, zwei für mich wunderbare Zeiten zu erleben, die der literarischen Neo-Avantgarde der 60er Jahre und die der Bewegung der 70er, schöne, richtige, begeisternde Zeiten, die es mir erlauben, ohne Resignation das ganze spätere Elend zu ertragen.«

Interview mit Nanni Balestrini von Antonio Gnoli
La Repubblica, 28. März 2012

Raffaella Perna

NANNI BALESTRINI – EINE
KUNST DES DISSENSES

Die Unterscheidung der Künste, wie sie Gotthold Ephraim
Lessing in der zweiten Hälfte des 18. Jahrhunderts im *Laokoon*
trifft und wie sie, rund zwei Jahrhunderte später, Clement
Greenberg im Zusammenhang seines eigenen theoretischen
Entwurfs als »Neuen Laokoon« erneut ins Spiel bringt, setzt
Genregrenzen, die der multidisziplinäre und synästhetische
Ansatz der historischen künstlerischen Avantgarde und später der Neoavantgarde im 20. Jahrhundert grundsätzlich in
Frage stellt und in die Krise stürzt.[1] Diese radikalen Gegen-
bewegungen und deren Absage an die traditionelle Trennung
zwischen den Künsten »des Raumes« und solchen »der Zeit«
gehen von einer ästhetischen Praxis aus, die auf die Gleichzei-
tigkeit und das Verschmelzen heterogener Elemente baut, die
sich aus der Hybridisierung der unterschiedlichen expressiven
Gattungen, Genres und Bereiche ergeben. In den Zehnerjah-
ren des 20. Jahrhunderts ist es das Interesse an der Freiset-
zung und Entgrenzung der Sprache – in den Marinetti'schen
Tavole parolibere futuriste, den »Bildern des befreiten Wortes«,
ebenso wie in den *Calligrammes* von Apollinaire –, was die
Syntax sprengt, sich der Gutenbergordnung widersetzt und
eine autonome verboplastische Dimension schafft. Gleichzeitig vervielfachen sich auch auf dem Feld der Malerei und Grafik die Beispiele der Kombination von Bild und Schrift: etwa
– um im Bereich des italienischen Futurismus zu bleiben – in
den Arbeiten Giacomo Ballas und Fortunato Deperos oder
auch in der berühmten Collage *Manifestazione interventista*
(1914) von Carlo Carrà, die in ihrer Anordnung gänzlich den
zentrifugalen Rhythmus der typographischen Fragmente
herausstellt, die im Übrigen eine markante Körperlichkeit
kennzeichnet.

---

1 Gotthold Ephraim Lessing: Laokoon. Oder: Über die Grenzen der Malerei und Poesie (1766), Stuttgart 1994; Clement Greenberg: Zu einem neuen Laokoon (1940), übers.
v. Christoph Hollender, in: ders.: Die Essenz der Moderne. Ausgewählte Essays und
Kritiken, Hamburg 2009, S. 56–81; vgl. auch die anderen Essays Greenbergs in diesem
Band sowie Claudio Zambianchi und Giuseppe Di Giacomo (Hg.): Alle origini dell'opera
d'arte contemporanea, Roma/Bari 2008.

Ab Mitte der Fünfzigerjahre lässt sich im Zusammenhang einer allgemeinen neuerlichen Hinwendung zu künstlerischen Praktiken der beiden Jahrzehnte nach 1910 auch eine Wiederaufnahme und Radikalisierung der Experimente visueller Poesie der älteren Avantgarden beobachten, insbesondere des Futurismus und des Dadaismus.[2] Künstlerische Strömungen und Bewegungen, wie sie in Europa und Amerika mit Neo-Dada, der Independent Group, dem Nouveau Réalisme, der Situationistischen Internationale, mit Fluxus oder Pop Art entstehen, begegnen einander, obgleich sie alle in einem jeweils eigenen Horizont und auf unterschiedlichen Ebenen agieren, im gleichen kritischen Interesse an der äußeren, sozialen Realität, insbesondere in ihren urbanen, zeitgenössischen, kommunikativen Aspekten. Ein Zeichen solchen *Zeitgeists*[3] ist zudem die Auseinandersetzung mit den Medien und mit deren Folgen für das menschliche Wahrnehmungs- und Denkvermögen: Die künstlerische Beschäftigung wie auch die theoretische Debatte finden hier ihren Fokus. Das amerikanische Action Painting und das europäische Informel gelten in ihren vorwärtstreibenden Impulsen als erschöpft – beide ästhetischen Erfahrungen betrachten die zeitgenössischen Künstler nunmehr als allzu introspektiv und gefühlsgeleitet; in den Mittelpunkt rücken stattdessen Verfahren, die alltägliche Objekte und massenmediale Residuen isolieren und dekontextualisieren, um die mächtigen psychologischen und affektiven Implikationen zu umgehen, die in den Jahren unmittelbar nach dem Zweiten Weltkrieg in der Malerei hervorgetreten waren. Vorstellungen, eine künstlerische Haltung oder Geste offenbare das Wesenhafte, Einzigartige, Spontane (und daher Authentische), werden radikal in Frage gestellt, um andersgearteten ästhetischen Mustern und Praktiken Raum zu geben, die im Rückgriff auf mechanische, repetitive und apersonale Verfahren vom Pathos des Authentischen und von der Idee der Einmaligkeit einer künstlerischen Handschrift abrücken. An John Cages bahnbrechende Überlegungen zum Zufall anknüpfend, beginnen Künstler, in ihren Arbeiten auf vielfältige Weise Zufälliges

---

2 Siehe hierzu Gabriella Belli (Hg.): La parola nell'arte: ricerche d'avanguardia nel Novecento. Dal futurismo ad oggi attraverso le collezioni del Mart, Milano 2007.
3 Deutsch im Original.

aufzunehmen, um so die emotionalen und autobiografischen Bezüge zu reduzieren und zu entmystifizieren. Der Einsatz aleatorischer Verfahren stürzt die Vorstellung auktorialer Kontrolle vollends in die Krise: Die daraus sich ergebenden künstlerischen Positionen sind gekennzeichnet durch Redundanzen, den Gestus des Müßigen und eine auf ganz unterschiedliche Wissensfelder rekurrierende Haltung, die bereit ist, sich den diversen Komplexen menschlicher Erkenntnis zu öffnen und dabei alle möglichen Disziplinen, Materialien und Praktiken einzubeziehen.

Dies ist in groben Zügen der Kontext, in dem Nanni Balestrini mit seinem weit verzweigten kulturellen Schaffen und Leben steht: der Schriftsteller, Exponent der *Novissimi*, Mitbegründer des Gruppo 63, der bildende Künstler, Bühnenautor und politische Aktivist, der seit Mitte der 1950er bis heute sein unermüdliches Wirken darauf richtet, ein italienisches und internationales intellektuelles Publikum anzusprechen, und dabei ein weit verästeltes, kapillares Netzwerk persönlicher Beziehungen ebenso pflegt wie das nicht nachlassende Engagement für Zeitschriften, Bücher und Konferenzen.[4] Dabei bleibt festzuhalten, dass es schlechterdings unmöglich scheint, in Balestrinis facettenreichem Werk bestimmte Einschnitte festzustellen oder Einteilungen vorzunehmen, ohne Gefahr zu laufen, es in seiner innovativen und radikalen Reichweite erheblich einzuschränken. Balestrini selbst hebt bereits Anfang der Sechzigerjahre die interdisziplinäre Orientierung hervor, wenn er, in den Vorbemerkungen zu seiner 1961 mithilfe eines IBM-Rechners realisierten Vers-Montage »Tape Mark I«, veröffentlicht im *Almanacco Letterario Bompiani 1962*, eine – mögliche – Genealogie dieses ungewöhnlichen elektronischen Experiments skizziert und dabei die Vorläufer in der Literatur und in anderen Künsten gleichermaßen würdigt. »Literatur und Kunst«, schreibt Balestrini dort, »widmeten sich in den vergangenen fünf Jahrzehnten unentwegt und mit größter Aufmerk-

---

4 Seit Mitte der 1950er Jahre betätigte sich Balestrini als Autor und Redakteur unter anderem für die Zeitschriften *Il Verri*, *Quindici*, *Compagni*, *alfabeta* und *alfabeta 2*, arbeitete mit zahlreichen Verlagen zusammen, darunter Bompiani, Feltrinelli und Derive Approdi, und organisierte seit 1963 die jährlichen Zusammenkünfte der Schriftstellergruppierung Gruppo 63.

samkeit den eigentümlichen Grundlagen der Imagination und
der Konstruktion, jenen Prozessen also, die in den sukzessiven
Phasen der Dekomposition präkonstruierter Materialien und
ihrer im geschaffenen Ergebnis vorliegenden Rekomposition
zu erkennen und nachzuvollziehen sind. Bei allen Unterschieden, was Richtung und Intention angeht, denken wir hier an
die kombinatorischen Versuche von Mallarmés *Le livre* ebenso
wie an Raymond Roussel, an Arp, Joyce und Pound, an die
›Varianten‹ Ungarettis, an Leiris und Queneau, die Vertreter
des *Nouveau roman*, die Amerikaner Burroughs und Corso,
Heißenbüttel und andere Deutschen, und bei uns an Sanguineti, Vivaldi und Porta. Vergleichbare Vorstöße wurden auch
zu einem grundlegenden Merkmal weiter Bereiche der Malerei (Klee, Dubuffet), der Bildhauerei und Architektur, und sie
sind, vielleicht noch stärker, im gesamten kompositorischen
Werk Schönbergs präsent. In diese Reihe gehört das vorliegende
Experiment, das sich eines Elektronenrechners bedient hat.«[5]
Balestrini verdeutlicht hier den Kontext der eigenen Arbeit, und
er verknüpft das kombinatorische Verfahren seines »Tape Mark
I« mit jenen künstlerischen, literarischen, architektonischen
und musikalischen Erfahrungen und Positionen, die seit Ende
des 19. Jahrhunderts und vor allem im 20. Jahrhundert Schritt
für Schritt die Vorstellung unterminierten, die Sprache reprä-
sentiere unmissverständlich und mimetisch die Wirklichkeit;
nachdrücklich in den Mittelpunkt rückten stattdessen neue
ästhetische Herangehensweisen, die darum bemüht waren, in
der Beziehung zu dem in seiner ganzen Widersprüchlichkeit
und Rätselhaftigkeit wahrgenommenen Realen das äußerst
Konfliktträchtige und Traumatische herauszustellen. Das
Chaotische der Wirklichkeit geht in seiner Zwiespältigkeit
auf originelle Weise in Balestrinis Bearbeitung ein: Einerseits
wird die Unruhe und Unordnung als unausweichliche und
eigentümliche Voraussetzung der Gegenwart angenommen,
andererseits wird sie durch die Unterwerfung unter einen
rigorosen Ablauf auf drastische Art zugerichtet. Das durch

---

5   Nanni Balestrini: »Tape Mark I«, in: Almanacco Letterario Bompiani 1962, hg. von
Sergio Morando, Milano 1961, S. 145. Balestrinis Vorbemerkungen werden zudem vollständig wiedergegeben von Andrea Cortellessa: La riscossa di Frenhofer, in: Attività combinatorie a partire dal Tristano di Balestrini (Il Verri n°38), Oktober 2008, S. 16.

die Maschine abgearbeitete Programm bestimmt entsprechend algorithmischer Vorgaben, die der Kontrolle des Autors entgleiten, eine Reihe *x* möglicher Variablen; dennoch wird, wie Andrea Cortellessa anmerkt, die Subjektivität des Autors weder völlig unterdrückt noch gänzlich durch den technologischen Vorgang verdrängt.[6] Das Ergebnis jedenfalls, also »Tape Mark I«, geht trotz allem auf Entscheidungen Balestrinis zurück, auf die Auswahl der zu rekombinierenden Textstücke – Passagen aus *Diario di Hiroshima* (Hiroshima Tagebuch) von Michihiko Hachiya, *Il mistero dell'ascensore* (Das Geheimnis des Fahrstuhls) von Paul Goldwin sowie *Daodejing* von Laozi –, ebenso wie auf die Auswahl der sechs Strophen, die das Gedicht letzten Endes umfasst.

Nanni Balestrinis Herangehensweise, sein Bemühen, dem Zufall Form und Regel zu geben, hebt nicht zuletzt Umberto Eco hervor, wenn er in *La forma del disordine*, ebenfalls im *Almanacco Letterario Bompiani 1962* veröffentlicht, »Tape Mark I« mit den zeitgenössischen Versuchen der Arte Programmata in Verbindung bringt, mit dem Gruppo T (Giovanni Anceschi, Davide Boriani, Gabriele De Vecchi, Grazia Varisco), mit Bruno Munari, Enzo Mari, Enrico Castellani, Soto, Dieter Roth oder Karl Gerstner.[7] Derartige Experimente – denen es darum zu tun ist, den Zufall systematisch einzubeziehen, einzuplanen, herbeizuführen – verstehen sich als eine Umkehrung der romantischen Vorstellung von Zufälligkeit, wie sie etwa dem Informel eigen ist. Die Veränderung ist hier, so Eco, mit einem zuvor abgesteckten Vorhaben verbunden, bei dem, sind die Grundlagen erst einmal fixiert und die geplanten Permutationen festgelegt, das daraus hervorgehende Werk nicht als die ästhetisch überzeugendste Lösung angesehen wird, sondern als Kopräsenz aller hypothetisch vorstellbaren Variationen. So besteht im Fall von »Tape Mark I« das Werk gerade in seinen Varianten, »ja sogar in seiner Variabilität«.[8] Schon bald findet Balestrinis elektronisches Gedicht auch im internationalen Rahmen ein Echo,

6 Cortellessa: La riscossa di Frenhofer.
7 Umberto Eco: La forma del disordine, in: Almanacco Letterario Bompiani 1962, S. 175–178; zur Beziehung zwischen Balestrini und der Arte Programmata vgl. Giovanni Anceschi: Balestrini e le combinazioni volute, in: Attività combinatorie a partire dal Tristano di Balestrini, S. 39–45.
8 Eco: La forma del disordine, S. 176.

und im August 1968 wird es Teil der berühmten Ausstellung *Cybernetic Serendipity: The Computer and the Arts* am Institute of Contemporary Arts (ICA) in London.[9] Auch wenn die Schau, streng chronologisch betrachtet, nicht die erste war, die sich der Beziehung von Kunst und Computer widmete, steht sie gleichwohl für einen entscheidenden Moment des Nachdenkens über die vielfältigen Verknüpfungen, die das künstlerische Schaffen und die Informationstechnologie verbinden, sowie über das enorme Ausdruckspotential, das der Einsatz der neuen elektronischen Mittel in der Musik, der Malerei, der Literatur oder der Grafik eröffnet.

Ebenfalls im *Almanacco Letterario Bompiani 1962* finden sich zudem zwei Collagen.? Balestrinis reproduziert, *La città visionaria* (1961) sowie *La sicurezza* (1961), die für die Anfänge seiner künstlerischen Tätigkeit als emblematisch gelten können. In beiden Arbeiten zeigt das Geschriebene, in der Anordnung des aus seinem Zusammenhang gerissenen und neu zusammengesetzten typographischen Materials, das ihm innewohnende visuelle Potential und stellt sich so als eine simultan durch Lesen und Betrachten erfahrbare Einheit dar: ein Betrachten, das geprägt ist durch ein Umherschweifen des Blicks, der, wenn er den übereinandergelegten und sich überkreuzenden Formen der Wörter folgt, in der Fläche unablässig von Punkt zu Punkt wandert, und ein stockendes Lesen, das ständig unterbrochen wird, weil Wörter und Wendungen sich aufschichten und Knäuel bilden, ohne stringenten, logischen Fortgang. Diskursive Zusammenhänge und Verkettungen werden auseinandergerissen und neu zusammengesetzt, doch folgt dies Kriterien, die den Grundsätzen und Zwecken der medialen Kommunikation zuwiderlaufen. Wörter werden in ihrer Körperlichkeit ausgestellt, als konkrete Formen und Objekte, die der Künstler verwendet, um koagulierte *Paroleimmagini*, »Wortbilder«, zu schaffen, die sich – vor allem in den Arbeiten der frühen Sechzigerjahre, etwa in *Per una soluzione* (1961), *Contro il pericolo* (1961) oder *Lo scrittore* (1963) – vor einem monochromatischen Hinter-

---

9 Vgl. den Katalog zu der vom 2. August bis zum 20. Oktober 1968 gezeigten Ausstellung am ICA, London: Cybernetic Serendipity: The Computer and the Arts, hg. von Jasia Reichardt, London 1968.

grund zu geschlossenen Blöcken verdichten. Die körperlich verfestigte Kompaktheit im Zentrum der Bilder, wie sie etwa auch der Serie *Otages* von Jean Fautrier eigen ist, ist in Balestrinis frühen Collagen der Ort, an dem wortvisuelle Konglomerate entstehen, wobei die zerfurchten und erratischen Wucherungen des Fautrier'schen *Enduit* ersetzt werden durch die Anonymität der Drucktypen, und an die Stelle der rohen, materiell-naturalistischen Fleischlichkeit tritt die farblose und neutrale Artifizialität der Information in einem Prozess, der durch das methodische Recyceln und Montieren sprachlicher Bruchstücke einem Nullpunkt malerischer Affektivität zustrebt. Diese entscheidende Verschiebung, die das »Innen« nach »außen« kehrt, die Innerlichkeit des Künstlersubjekts in die Äußerlichkeit der Objektwelt, verbindet Nanni Balestrinis experimentelle Collagen mit den seit Ende der 1950er Jahre in Italien entstandenen post-informellen und objektkünstlerischen Ansätzen, zu denen der Künstler im Übrigen in engem Kontakt steht. So wird Balestrini beispielsweise ebenso wie Enrico Baj, Sergio Dangelo und Edoardo Sanguineti Mitarbeiter der Zeitschrift *Direzioni* – mit dem Untertitel *Rassegna d'arte e di poesia d'avanguardia* –, die ab 1958 in Mailand unter der Leitung von Riccardo und Fabrizio Mondadori erscheint.[10] 1959 beginnt die Zusammenarbeit mit der Gruppe Azimuth und auch in deren gleichnamiger Zeitschrift ist Balestrini vertreten; bereits im Januar desselben Jahres gehört er ferner zu den Unterzeichnern des Manifests von Neapel und des Manifests *Arte Interplanetaria* des sogenannten Gruppo dei Nucleari.[11] Anfang der Sechzigerjahre knüpft Balestrini Beziehungen zur Florentiner Bewegung Gruppo 70 und beteiligt sich gemeinsam mit Edoardo Sanguineti, Cesare Vivaldi, Alfredo Giuliani, Lamberto Pignotti, Eugenio Miccini, Elio Pagliarani und anderen 1964 im Rahmen des bedeutenden

---

10 Von *Direzioni* erschienen drei Ausgaben: die erste, mit Beiträgen von Balestrini, im November/Dezember 1958, die zweite im Januar/Februar 1959, die dritte im Juni 1959.

11 Das *Manifesto di Napoli* wird im Januar 1959 von Balestrini, Redaelli, Paolazzi, Bajini, Sanguineti, Luca, Di Bello, Del Pezzo, Persico, Biasi, Alfano, Grieco, Baj, Verga, Sordini, Recalcati und Fergola unterzeichnet; im gleichen Monat unterzeichnen die Genannten auch das *Manifesto dell'Arte Interplanetaria*, dem sich noch Giovanni Anceschi und Farfa anschließen. Abgedruckt sind beide Manifeste im Katalog Arte Nucleare, hg. von Tristan Sauvage, Milano 1962, S. 210–213.

interdisziplinären Symposiums *Arte e Tecnologia* an einer Reihe von Lesungen und Konzerten.[12]

In Rom verkehrt Nanni Balestrini regelmäßig im Umfeld der Galerie La Tartaruga von Plinio De Martiis und hat Kontakt zu Vertretern der sogenannten »Piazza del Popolo«-Schule, woraus sich verschiedene Formen der Zusammenarbeit ergeben. Zum Katalog der im Februar 1963 eröffneten Ausstellung *13 Pittori a Roma* steuert Balestrini Verse bei, und auch die Einzelausstellung der Bilder von Mario Schifano 1964 in der römischen Galerie Odyssia begleiten seine Gedichte.[13] Für den Umschlag seines ersten Romans, *Tristano*, wählt Balestrini 1966 eine Gouache von Giosetta Fioroni aus.[14] Anlässlich der Ausstellungs- und Veranstaltungsreihe »Teatro delle Mostre« der Galerie La Tartaruga, von De Martiis im Mai 1968 als *event in progress* konzipiert, bei dem im täglichen Wechsel »in nahezu neurotischer Beschleunigung« Arbeiten, Aktionen und Installationen aufeinander folgen, realisiert Balestrini die Performance *I muri della Sorbona* (Mauern der Sorbonne):[15] Er gibt Achille Bonito Oliva, Alfredo Giuliani, Cesare Milanese und Giulia Niccolai telefonisch die in den Tagen der Revolte des Mai '68 an den Pariser Häuserwänden aufgetauchten politischen Slogans und Forderungen durch, die daraufhin an die Wände der Galerie übertragen werden; in der Galerie angekommen, setzt Balestrini selbst die Arbeit des Übertragens fort und fügt den eigenen Beitrag den bereits vor Ort ausge-

---

12   Vgl. Paolo Emilio Carapezza: »Arte e tecnologia« a Firenze, giugno 1964, in: Collage, Dezember 1964, S. 56f.

13   Vgl. die Ausstellungskataloge 13 Pittori a Roma, Galleria La Tartaruga, Roma, 9. Februar 1963, sowie Schifano, Galleria Odyssia, Roma, 16. November–12. Dezember 1964

14   Reproduktionen von Bildern Fioronis finden bei der Gestaltung von Buchumschlägen häufiger Verwendung: neben Balestrinis *Tristano* beispielsweise auf Titeln wie *Il grande angolo* von Giulia Niccolai (Feltrinelli), *Sillabario I* (dt. *Alphabet der Gefühle*) von Goffredo Parise und *Servo e serva* (dt. *Diener und Bediente*) von Ivy Compton Burnett (beide Einaudi) oder des Zyklus *Il romanzo di Ferrara* (dt. *Ferrareser Geschichten / Ein Arzt aus Ferrara / Die Gärten der Finzi-Contini / Hinter der Tür / Der Reiher / Der Geruch von Heu*) von Giorgio Bassani (Mondadori).

15   Vgl. den Katalog Teatro delle Mostre, hg. von Maurizio Calvesi, Roma 1968. Unter den weiteren Beteiligten des Events finden sich unter anderem Fabio Mauri, Giosetta Fioroni, Giulio Paolini, Franco Angeli, Alighiero Boetti, Cesare Tacchi, Paolo Scheggi, Mario Ceroli, Renato Mambor, Gino Marotta, Sylvano Bussotti, Goffredo Parise, Pier Paolo Calzolari, Emilio Prini und Paolo Icaro. Vgl. darüber hinaus Raffaella Perna: In forma di fotografia. Ricerche artistiche in Italia dal 1960 al 1970, Roma 2009, S. 78ff.

führten hinzu.[16] Er bewegt sich damit ganz auf der Linie jener Dematerialisierung der Kunst, wie sie die US-amerikanischen Theoretiker John Chandler und Lucy Lippard Anfang 1968 beschrieben haben: Balestrini agiert aus der Distanz, die materielle Ausführung des »Werks« ist an Dritte delegiert, um so das Konzeptuelle herauszustellen.[17] Vorweggenommen wird darin eine künstlerische Praxis, die im Wesentlichen als Übertragung intellektueller Inhalte konzipiert ist, beispielhaft in der berühmten, Ende 1969 im Museum of Contemporary Art (MCA) in Chicago realisierten Ausstellung *Art by Telephone*, bei der die Beteiligten aufgefordert waren, ihre Arbeiten und Performances als telefonische Anweisungen einzureichen, ohne dass diese sich notwendigerweise tatsächlich materialisieren mussten.[18]

Auch wenn Balestrini in der Folge aufhört, Schrift und Schreiben an andere zu delegieren, und beides wieder in gewisser Weise in den Bereich persönlicher Kontrolle zurückkehrt, hindert ihn das nicht, die Vorstellung der Autorschaft auch weiterhin radikal in Frage zu stellen. Tatsächlich vollbringt der Künstler keinen an sich schöpferischen Akt, noch ist Schreiben etwas Originäres, sondern setzt im Gegenteil einen Prozess kollektiver und vielstimmiger schriftlicher Re-Komposition in Gang, der sich des Vorgefundenen bedient, jener *phrases trouvées*, die er rekontextualisiert und dabei umfassend aneignet, physisch und intellektuell, um so die Demarkationslinie zwischen dem Bereich der künstlerischen Repräsentation und dem des politischen Handelns beständig zu verwischen. Die Kluft zwischen dem Ästhetischen und dem Politischen suchen Balestrinis Arbeiten kompromisslos durch eine artistische und politisch-militante, ästhetische und ethische Praxis zu überbrücken. Ideologisch und sprachlich entschieden steht diese Praxis immer schon für die Möglichkeit oder vielmehr die

---

16 In der im Juni 1968 publizierten Nummer 11 der Zeitschrift *Quindici* – 1967 in Balestrinis römischer Wohnung gegründet – erscheint der Beitrag *I muri della Sorbona* mit vom Pariser Comité d'Action Étudiants Écrivains zusammengestellten Graffiti.
17 John Chandler und Lucy Lippard: The Dematerializalion of Art, in: Art International, 12.2 (Februar 1968), S. 31–37.
18 Art by Telephone, kuratiert von Jan van der Marck, MCA Chicago, 1. November–14. Dezember 1969; der Katalog zur Ausstellung erschien als Vinyl-LP mit Aufnahmen telefonischer Anweisungen der eingeladenen Künstler.

Notwendigkeit, diese beiden Bereiche tatsächlich als einen zu betrachten und zu behandeln. Eine solche Ausrichtung, wie sie in den vielfältigen literarischen und visuellen Arbeiten Nanni Balestrinis insgesamt deutlich wird, formuliert er selbst mit großer Klarheit und Prägnanz in »La rivoluzione dei pifferi«, einem Beitrag für die Mainummer 1969 von *Quindici*, jener römischen Zeitschrift, deren Leitung er übernimmt, nachdem Alfredo Giuliani sich im März 1969 zurückgezogen hat.[19] »In den vergangenen Jahren haben die reflektiertesten Erfahrungen in der Musik, der Malerei, der Literatur die Logik des Zur-Ware-Werdens, wie die kapitalistische Produktionsweise sie aufzwingt, bis zu ihrer äußersten Konsequenz getrieben […], sodass heute die Entwicklungswege der jüngsten Avantgardekunst ebenso folgerichtig erscheinen wie die Aufgaben, die sie sich stellte: 1) die *Demonstration*, und zwar mit größtmöglicher Deutlichkeit, dass jede aus der bürgerlichen Tradition entwickelte Form Kunst ein Produkt einzig der Bourgeoisie und für die Bourgeoisie ist, niemals für die Massen, es sei denn in einem repressiven Sinn; 2) die radikale *Zerschlagung* der bürgerlichen Form Kunst, die ihr zugleich die Möglichkeit nimmt, sich warenförmig als ›Destruktivismus‹ zu erneuern und zu reproduzieren […]. Die Erfahrungen der jüngsten Zeit zeigen keine neuen ›Ismen‹, sondern ihre allgemeine Liquidierung: die objektive Unmöglichkeit, auf dem Feld bürgerlicher Kunst weiter Romane zu schreiben, weiter Bilder zu malen, weiter Musikstücke zu komponieren. Der von den Ideologen der Bourgeoisie ausgerufene Tod der Kunst ist nichts anderes als der Tod der bürgerlichen Kunst.«[20] In solchen Formulierungen, die das Nachdenken über Autonomie und Heteronomie der Sprache radikalisieren und zur letzten Konsequenz treiben, zeigt sich deutlich die Utopie, ja, der Traum Balestrinis: die Vorstellung einer wirklich subversiven Kunst, untrennbar vom Gang der Ereignisse, einer Kunst »von den Massen für die Massen«, die den Bruch mit den traditionellen sprachlichen

---

19 Zur Zeitschrift *Quindici* vgl. vertiefend den Band Quindici. Una rivista e il Sessantotto, hg. von Nanni Balestrini, Milano 2008, und darin insbesondere den Beitrag von Andrea Cortellessa: Volevamo la luna (ebd., S. 451–472).
20 Nanni Balestrini: La rivoluzione dei pifferi, in: Quindici XVII, Mai 1969, wiederabgedruckt in: Balestrini: Quindici. Una rivista, S. 410.

Codes und Konventionen herbeizuführen in der Lage wäre; eine Kunst, die darauf zielt, das Bewusstsein jener Massen zu erreichen, indem sie neue Sinnhorizonte erschließt, ohne jegliches Zugeständnis an die trügerischen Verlockungen kitschiger Realismusvorstellungen. Aus dem Wissen um die simulakrale Ordnung der Wirklichkeit im Spätkapitalismus rekurriert Balestrini auf eine Kunst »zweiter Ordnung«, die aus fortwährenden Zitaten und Selbstzitaten besteht, in der jedes Zeichen, ineinandergesteckten chinesischen Schachteln gleich, aufs Neue die Kette der Signifikanten ins Spiel bringt. Trotz der Unmöglichkeit, sich auf eine Wahrheit des Realen zu beziehen, der Ausdruck zu verleihen wäre, lässt der Künstler die Gelegenheit nicht verstreichen, den eigenen, fragmentarischen Blick auf die Welt und die eigene Art, in der Wirklichkeit zu leben, darzulegen. Es ist am Publikum, den vom Autor ausgebreiteten Hinweisen nachzugehen. Gewiss kein Zufall ist in diesem Zusammenhang die Häufigkeit, mit der das Wort »Revolution« und Ausdrücke aus demselben semantischen Feld (»Revolte«, »Protest«, »Kampf« etc.) in Balestrinis Collagen wiederkehren, ein gleichermaßen ostinates und kathartisches Mantra. Die 1972 bei der zehnten römischen Kunst-Quadriennale präsentierten Arbeiten – *La révolution de Mai*, *Potere Operaio*, *Poliziaaa*, *Battipaglia* oder *Sciopero generale* – belegen dies nachdrücklich, wenn bereits die Titel die politische Subjektivität verdeutlichen.[21]

Auch wenn Umberto Eco Bedenken anmeldet, ob die Praxis der Wiederverwendung von Signifikanten tatsächlich in jedem Fall eine Neulektüre des von jenen wiederverwendeten Materialien Bezeichneten erlaube, so liegt gerade hier der Clou der Vorgehensweise Balestrinis: In den angeeigneten Fragmenten der alltäglichen Berichterstattung sind die Aktualitäten, ungeachtet ihrer ikonischen, auf wenige Wörter reduzierten Atomisierung, noch wiedererkennbar; die Rekombination transformiert jene Fragmente und ermöglicht, die historischen Ereignisse retrospektiv zu lesen, indem sie bei den Betrachtenden für eine Art

---

21 Vgl. X Quadriennale Nazionale d'Arte: Roma, Palazzo delle Esposizioni, Novembre 1972 – maggio 1973, hg. von Ente Autonomo Esposizione Nazionale Quadriennale d'Arte di Roma, Roma 1972, S. 386–387.

verfremdendes Feed-back sorgt.[22] »Das Tagesereignis wird durch Cut-up Geschichte«, schreibt Manuela Gandini, und diese Aktion ist an sich bereits zutiefst politisch.[23]

Als hoch kreativer und ziemlich anspruchsvoller »Kleptomane« betätigt sich Balestrini im Laufe der Jahre immer wieder als *Bricoleur* und gelangt dabei nach und nach zu räumlich und zeitlich immer weitergehenden und komplexeren Ergebnissen. Die Wörter und Wendungen lassen die monadischen Strukturen der ersten Arbeiten hinter sich und beanspruchen zunehmend weitläufig und platzgreifend den Raum – ein Beispiel bietet der mächtige wortvisuelle Strom der Collage *Libération* (1992)[24] –, bis sie schließlich, in Serien kombinierbarer Module, potentiell *ad libitum*, die zweidimensionale Fläche vollständig besetzen und ausfüllen. In den wimmelnden visuellen Patterns von Arbeiten wie *Trama*, *Quadri* oder *Spirale 1* und *2* (alle 2001) stoßen die verboplastischen Einheiten im physischen Sinn an die Bildgrenzen, scheinen bereits den Punkt erreicht zu haben, an dem sie über den Rand hinausgehen, um – in gleicher Weise, wenn auch topologisch unterschiedlich – regeneriert und unermüdlich die Reise in die Umgebung fortzusetzen.[25] Das Pollock'sche *all over* wird durch die modulare Struktur seriell und steril, eine Struktur, deren grundlegende, a priori ausgewählte und mechanisch wiederaufgenommene Muster ununterbrochen aufeinanderfolgen und dabei einen überwältigenden technologischen *horror vacui* auslösen, zu dem nicht zuletzt auch die Verwendung von Computer und Tintenstrahldrucker beitragen. Im Übrigen ist das Experimentieren mit den Möglichkeiten der Informatik für Balestrini nichts Neues: Nicht nur das frühe, bereits erwähnte »Tape Mark I« rekurriert auf dieses Potential, auch beispielsweise ein Projekt wie *Épreuves d'écriture* (1985), das, im Rahmen der berühmten Ausstellung *Les Immatériaux* von Jean-François Lyotard am Centre Pompidou lanciert, Künstler und Intellektuelle

---

22 Umberto Eco: Stele per Balestrini, in: Nanni Balestrini. Con gli occhi del linguaggio, hg. von Marina Bignami und Viviana Succi, Milano/Roma 2006, S. 33; der Ausstellungskatalog enthält Beiträge von Paolo Fabbri, Edoardo Sanguineti, Franco Purini, Toni Negri, Achille Bonito Oliva, Umberto Eco, Paul Virilio, Tommaso Ottonieri, Reinhard Sauer, Renato Barilli, Manuela Gandini und Gillo Dorfles.

23 Manuela Gandini: Dense come petrolio, in: Con gli occhi del linguaggio, S. 47.

24 *Libération* misst 30 x 252 Zentimeter.

25 Abbildungen der genannten Arbeiten finden sich im Ausstellungskatalog Nanni Balestrini. Paesaggi verbali, Modena, Galleria Emilio Mazzoli, Juni 2002.

aus verschiedenen Bereichen zu einem interessanten, wenn auch technisch problematischen Experiment des Schreibens in einem lokalen Netz zusammenbrachte.[26]

Auch wo das Wort sich, wie in Arbeiten der Ausstellungen *Paesaggi verbali* (2002) oder *Con gli occhi del linguaggio* (2006), im Mittelpunkt behauptet, zeigt sich die neue räumliche Dimension in Balestrinis Schaffen der Neunziger- und Nullerjahre durch konvulsive, pulsierende Schichtungen, in denen sich eine bevorstehende Explosion anzukündigen scheint. Ob in der Vereinzelung oder Verdichtung, die Wörter und Ausdrücke werden in einem umfassenden Bearbeitungsprozess alteriert, zergliedert und neu zusammengesetzt, um so immer stärker in der Rolle plastisch-formaler Einheiten aufzutreten, in der das Gleichgewicht von Signifikat und Signifikant sich deutlich zugunsten des Letzteren verschiebt, was dazu führt, dass die Rezeption dieser Arbeiten, im Unterschied zu den frühen Collagen, in erster Linie durch das Betrachten erfolgt.

Inmitten dieses Ausdehnungsprozesses wendet sich Balestrini sequentiellen parataktischen Strukturen zu: In Collagen wie *Un été*, *Mon cœur mis à cru* (beide 2002) oder *Le ore 1–6* (2003) findet sich in Quadraten gleicher Größe eine Fülle typografischer und fotografischer Fragmente, vom Autor mit großer Akribie ausgewählt, um ständige, subtile Verweise zwischen den verschiedenen Bereichen zu schaffen und die Betrachtenden in eine fesselnde Jagd nach Details zu verwickeln. Ununterbrochen tauchen immer neue Korrespondenzen und Übereinstimmungen auf, es ist ein optisches und intellektuelles Dispositiv, in dem jeder Aspekt andere reflektiert oder in ihnen nachhallt und sich so als integrierender Teil eines gegliederten Ganzen konstituiert. Im Austarieren von Streuung und Wiederholung wird die Einheit des Werks gleichzeitig affirmiert und negiert: Die auseinanderstrebenden, flottierenden Ausschnitte bewegen sich im fragmentierten Raum des Sequentiellen, bewahren sich dabei gleichwohl eine innere Kohärenz, die sich durch die Harmonisierung von Details in den verschiedenen Teilen der Arbeit herstellt.

---

26 gl. Francesca Gallo: Les Immatériaux. Un percorso di Jean-François Lyotard nell'arte contemporanea, Roma 2008, S. 133–139. Unter den Teilnehmern der *Épreuves d'écriture* finden sich unter anderem Jacques Derrida, Michel Butor, Daniel Buren, Paul Caro und Bruno Latour.

Im Prozess ständiger Ausweitung in der Fläche des Werks lassen Balestrinis Collagen die Zweidimensionalität des Blatts hinter sich, um sich schließlich – als Säule, Stele, Würfel – den umgebenden Raum anzueignen. Geometrische Körper wie *High and Hell*, *G8* (beide 2001) oder *Lapoesiafamale* (2004), die sich in ihrer Umgebung in archaischer, primordialer Monumentalität erheben, bieten den Betrachtenden die tendenziell phänomenologische Erfahrung, die Arbeiten in physischer Bewegung zu rezipieren, wodurch die Lektüre zu einem Tun wird, das den Körper in seiner Gesamtheit fordert. »Die Säule«, schreibt Balestrini, »die losgelöst von ihrer architektonischen Funktion als urbanes Monument aufragt, imponiert durch ihre bleibende Vertikalität und Vertebralität, auf der die Zeichen himmelwärts stürmen können, im Rhythmus der Bewegung der Betrachtenden, die um sie herumlaufen.«[27]

Der zunehmenden Eroberung der Räumlichkeit korrespondiert in den jüngsten Arbeiten Balestrinis eine neue und erweiterte Auseinandersetzung mit der Dimension der Zeit, und zwar jenseits aller linearen und teleologischen Vorstellungen. Anlässlich der 13. documenta (2012) in Kassel präsentiert der Künstler *Tristanoil*, eine Arbeit, in der er die rekombinatorische Formel seines ersten Romans *Tristano* aus dem Jahr 1966 wiederaufnimmt und auf Medienbilder anwendet, sodass eine Video-Collage von 2.400 Stunden Laufzeit entsteht, die während der hundert Tage der Ausstellung jeden Tag rund um die Uhr gezeigt wird.[28] Auch in diesem Fall folgt die Auswahl der Videosequenzen, alles *ready-mades*, einer operativen Logik, die streng Zufall und Programm verbindet: Die Auswahlkriterien für die *scènes trouvées* sind typisch und unverkennbar die Nanni Balestrinis; das Politische wird zum roten Faden, der sich auch durch diese Arbeit zieht, hierin offenbart sich und äußert sich die Stimme des Autors, unerschütterlich dissident.

Aus dem Italienischen von Thomas Atzert

---

27 Nanni Balestrini: Colonne verbali, in: Con gli occhi del linguaggio, S. 59.
28 Nanni Balestrini: Tristano, Milano 1966. Dem ursprünglichen Projekt eines *romanzo multiplo* folgend erlebt der Roman 2008 beim römischen Verlag DeriveApprodi mit Hilfe digitaler Drucktechnik eine Neuauflage; jedes Exemplar ist nun ein Unikat, das sich von allen anderen unterscheidet.

Jürgen Schneider

ZWEITAUSENDVIERHUNDERT
STUNDEN REKOMBINATION
Nanni Balestrinis Film »Tristanoil«

Nanni Balestrini komponierte 1961 auf einer kartenprogram-
mierten elektronischen Rechenmaschine von IBM sein Gedicht
Tape Mark I.

Ein Jahr zuvor hatte Brion Gysin mit Hilfe des britischen
Mathematikers Ian Sommerville seine *Permutation Poems*
auf einem Honeywell-Computer berechnen lassen und dafür
unter anderem auf das Johannes-Evangelium zurückgegrif-
fen. Die kombinatorische Berechnung, so Florian Cramer in
seiner Studie *Exe.cut[up]able statements,* sei zum technischen
Werkzeug geworden wie ein Gegenstand in einem magischen
Akt, bei dem die Kraft des Worts dennoch im Sprechakt liege.
Das Prinzip der Text-Cut-ups, von Gysin und William S. Burroughs zur selben Zeit aus der dadaistischen Collage entwickelt,
stecke auch in Gysins *Permutation Poems,* denn sie basierten
auf demselben, sprachmagisch verstandenen Prinzip des ver-
tikalen Zerlegens und Rekombinierens von Texten. Cramer
zitiert Gysins Manifest *Cut-ups self-explained,* in dem es heißt:
»Words have a vitality of their own and you or anybody can
make them gush into action.«[1]

Im Jahre 1966 erschien im italienischen Verlag Feltrinelli
das Buch *Tristano* von Nanni Balestrini, der darin den Arche-
typus des europäischen Liebesromans schlechthin ironisierte.
Das Buch war allerdings nicht »geschrieben«, sondern aus
Sprachmaterial montiert, das aus allerlei Quellen stammte
(z.B. aus Handbüchern der Fotografie oder der Botanik, aus
Kriminal- und Liebesromanen, aus Reiseführern). Balestrinis
ursprünglicher Plan bestand jedoch darin, diesen Liebesroman in seine Bestandteile zu zerlegen und selbige programm-
gesteuert zu kombinieren, da Tristan nicht nur eine einzige
Geschichte, sondern viele Geschichten sei und jede Leserin und
jeder Leser das Recht auf ihre bzw. seine eigene Geschichte habe.

---

1 Siehe Florian Cramer: Exe.cut[up]able statements. Poetische Kalküle und
Phantasmen des selbstausführenden Texts. München 2011, S. 29 (abrufbar unter
www.netzliteratur.net/cramer/poetische_kalkuele_und_phantasmen.pdf).

Ende 2007 konnte der ursprüngliche Plan verwirklicht werden, und der italienische Verlag DeriveApprodi legte 2.500 *Tristano*-Exemplare in ebenso vielen Textvarianten auf. Von einem einzigen und endgültigen authentischen Text eines literarischen Werks, von einer einzigen Originalversion konnte damit nicht mehr die Rede sei. Der Untertitel lautete denn auch *romanzo multiplo*. Jedes Exemplar war ein nummeriertes Unikat, die Anordnung der Kapitel und der Absätze wurde jeweils vom Computer bei jedem Band neu kombiniert. Eine von Peter O. Chotjewitz ins Deutsche übertragene Version erschien 2009 im Suhrkamp Verlag. In einem Gespräch erklärte Balestrini zu *Tristano*: »Meine Absicht war es, das Buch von der einschränkenden Herrschaft der mechanischen Typographie Gutenbergs zu befreien, bei der alle Objekte identisch sind. Mit der Technik des Digitaldrucks hingegen ist es möglich, eine Auflage von einander sehr ähnlichen, aber nicht identischen Büchern zu machen. In der Natur sehen die einzelnen Exemplare einer Gattung ja auch sehr ähnlich aus, sind aber in Wirklichkeit alle verschieden.«[2]

Verso Books, London, hat 4.000 der möglichen 109.027.350.432.000 *Tristano*-Variationen in englischer Sprache veröffentlicht. Im Vorwort schreibt Umberto Eco, der 1972 in der Zeitungsglosse *Do your movie yourself* kombinatorische Formeln für die Erzeugung typischer Filmplots entworfen hatte, samt jeweils eigenen Algorithmen für Antonioni, Godard, Visconti und andere Regisseure, Originalität und Kreativität seien nicht mehr als die zufällige Handhabung einer Kombination. Eco schlägt verschiedene Möglichkeiten vor, mit Balestrinis *Tristano* zu verfahren. Man könne ein einziges Exemplar lesen und es als einmalig, unwiederholbar und unveränderlich oder als die bestmögliche Version ansehen. Oder man könne mehrere Exemplare zur Hand nehmen und die Ergebnisse vergleichen. Laut Balestrini sollte die Leserin oder der Leser selbst bestimmen, wie viele Exemplare sie oder er möchte, er schlägt für eine fruchtbare Analyse den Vergleich zweier Exemplare vor.

---

2 Mentale Emotionen. Andreas Hapkemeyer im Gespräch mit Nanni Balestrini, in: Nanni Balestrini: Una poesia totale. Bozen/Bolzano: MUSEION. Museum für moderne und zeitgenössische Kunst/Museo d'arte moderna e contemporanea, 2015, S. 14.

Balestrinis Beitrag zur dOCUMENTA (13) im Jahre 2012 war der in Zusammenarbeit mit Giacomo Verde entstandene Videofilm *Tristanoil*[3], für den er die Struktur von *Tristano* in die Sprache des Films überführte und den er aus Fernsehbildern zusammenschnitt und mit den Stimmen US-amerikanischer Fernsehansager sowie von ihm selbst gesprochenen, verfremdeten Fragmenten aus *Tristano* versah: Sequenzen vor allem aus *Dallas* (alte Serie), von Öl- und anderen ökologischen Katastrophen der letzten Jahre (z.B. Fukushima), Bildsequenzen von der Wall Street, von Banken, vom Finanzmarkt, die fortlaufend auf Grundlage eines Algorithmus rekombiniert wurden, während der ganzen Dauer der dOCUMENTA, 2.400 Stunden lang. Das Motto: »Die Möglichkeiten nicht unterdrücken, sondern potenzieren.«

Balestrini überträgt kombinatorische Prozesse auf bewegte Bilder. Die verwendeten 139 Videoclips vom allseits wütenden kapitalistischen Ungeheuer, von der destruktiven Ausbeutung der Ressourcen unseres Planeten werden stets aufs Neue rekombiniert, wobei sich theoretisch die Möglichkeit unendlicher Kombinationen ergibt – »il film infinito«[4], der laut Manuela Gandini ein »apokalyptischer, autogenerativer melting pot«[5] ist. Gandini verweist auf die situationistische Praxis der Zweckentfremdung (*détournement*) von vorgefertigten ästhetischen Elementen. Laut der Situationistischen Internationale sollten aktuelle bzw. vergangene Artefakte Eingang in eine höhere Konstruktion der Wirklichkeit finden. Zur »Reinvestition des Scheins in die Wirklichkeit« (Raoul Vaneigem) war die Benutzung jedes vorgefundenen Materials recht, um dem *détournement* unterworfen und mit unerwarteten Botschaften munitioniert zurücktorpediert zu werden. Während Guy Debord in seiner Filmcollage *La Societé du Spectacle* anhand von Szenen aus Hollywood-Filmen das System der spektakulären Falsifizierung aufgezeigt habe, so Gandini, zeige *Tristanoil* ohne Kommentar, ohne Verkündung eines Manifests die Absurdität des

---

3 Tristanoil. Videokunst: Giacomo Verde, Software: Vittorio Pellegrineschi, Ton: Morgan Bennett, Bildrecherche: NABA Visual Multimedia and Performing Arts Department, koordiniert von: Maresa Lippolis.
4 Siehe Paolo Bertetto: La generazione dell'infinito, in: Nanni Balestrini: Tristanoil, Genua 2012, S. 10ff.
5 Manuela Gandini: Oil, in: Nanni Balestrini: Tristanoil, S. 6.

spätkapitalistischen, postfordistischen Systems auf. Der Film, so Paolo Bertetto, bringe Marx und den Computer, die Kritik der politischen Ökonomie sowie die Kritik der traditionellen Sehweise zusammen.

Balestrini, der auf jede Selbstexpressivität verzichtet und systematisch Materialien aus zweiter Hand verwendet, geht davon aus, dass sein Film, in dem aus der Patina des Erdöls die Agonie der Realität aufscheine, »unsere Wahrnehmung einer noch im Entstehen begriffenen Welt erweitert«[6]. Beim Betrachten des Films entsteht ein Verlangen, ein Sog, immer mehr davon sehen zu wollen, wie sich auch der Wunsch Bahn bricht, es möge das Menschengeschlecht baldmöglichst dieses in ölig-liquiden, psychedelisch anmutenden Farben vor Augen geführte Kontinuum aufsprengen. Balestrinis Film richtet sich an einen »spettatore collettivo«[7], und es ist der Wunsch des Künstlers, »der auf internationaler Ebene zu den ganz wenigen gehört, die vor der Zeit da waren«[8], dass der Film »uns durch die von ihm hervorgerufenen mentalen Emotionen dazu bewegt, Antworten zu suchen, zu handeln und uns zu engagieren«[9].

---

6 Mentale Emotionen, a.a.O., S. 25.
7 Gian Maria Annovi: L'epica tragica di Tristanoil, in: Nanni Balestrini: Tristanoil, S. 23. Der Kurator und Kunstkritiker Achille Bonito Oliva spricht von Balestrinis »Vorstellung eines Ichs im Plural«: »Deine Dichtung beginnt sich mit deiner dichterischen Produktion im Umfeld der Novissimi zu entwickeln. Während die anderen noch ein isoliertes Ich in sich tragen, entwickelst du schon die Vorstellung eines Ich im Plural. Dieses Ich im Plural braucht eine technologische Verlängerung, ja ruft sie herbei und entwickelt sie als eine Hypothese: Es gibt sich zunächst mit einer Prothese zufrieden; ein von den historischen Avantgarden übernommener Ansatz wird später durch den Einsatz kybernetischer Maschinen umformuliert. Das Bedürfnis, diesem Ansatz Sichtbarkeit zu verschaffen, führt zum Übergang zur visuellen Dichtung, zur Skulptur, zur Installation, zur Stele, zum Kubus, zu einer Sprache, die auf der Wand zersplittert oder sich verflüssigt« (Achille Bonito Oliva: Mein Wort: Die Dichtung, in: Nanni Balestrini: Una poesia totale, S. 55).
8 Achille Bonito Oliva, a.a.O., S. 54.
9 Mentale Emotionen, a.a.O., S. 25.

Nanni Balestrini

TEXTNACHWEISE

Paul Virilio: Die Mauer der Wörter. Aus: Nanni Balestrini: *paesaggi verbali*. Modena 2002. Aus dem Englischen von Jürgen Schneider.

Peter O. Chotjewitz: Nanni Balestrini und die »Neo-Avantgarde« der 60er Jahre. Aus: Nanni Balestrini: *Alles auf einmal. Text und Porträt*. LCB, Berlin 1991. Mit freundlicher Genehmigung von Cordula Güdemann.

Umberto Eco: Die illustrierende Gewalt. In: *Resine. Quaderni liguri di cultura*, Nr. 132–133 (2013) – *Materiali, immagini, parole per Nanni Balestrini*. Zuerst veröffentlicht in: *Corriere della Sera*, 7. März 1976. Aus dem Italienischen von Andreas Löhrer. Mit freundlicher Genehmigung des Autors.

Nanni Balestrini: Der Junge mit der goldenen Pistole. Resine. *Quaderni liguri di cultura*, Nr. 132–133 (2013) – *Materiali, immagini, parole per Nanni Balestrini*. Aus dem Italienischen von Andreas Löhrer.

Die Gedichte

Die für diese Ausgabe erstmals übersetzten Gedichte folgen der Ausgabe: Nanni Balestrini: Antologica. Poesie 1958–2010. Milano 2013.

C 5. In: Il sasso appeso (1961). Aus dem Italienischen von Regine Wagenknecht. Zuerst veröffentlicht in: *Italienische Lyrik der Gegenwart*. Herausgegeben und übersetzt von Franco de Faveri und Regine Wagenknecht. München 1980. Mit freundlicher Genehmigung von Regine Wagenknecht.

Die herrschende Klasse (La classe dirigente). In: *Come si agisce* (1961–1963). Aus dem Italienischen von Andreas Löhrer.

Tape Mark I. In: *Come si agisce* (1961–1963). Aus dem Italienischen von Andreas Löhrer.

Auf diese Weise (In questo modo). In: *Come si agisce* (1961–1963). Aus dem Italienischen von Paul-W. Wührl. Zuerst veröffentlicht in: *akzente*. Zeitschrift für Literatur 13. Jg. (1966), H. 3. Neuveröffentlicht in: Nanni Balestrini: *Alles auf einmal. Text und Porträt*. LCB, Berlin 1991. Mit freundlicher Genehmigung von Paul-W. Wührl.

Aber wir (Ma noi). In: *Ma noi facciamone un'altra* (1968). Aus dem Italienischen von Annette Kopetzki. Zuerst veröffentlicht in: www.lyrikline.org. Mit freundlicher Genehmigung von Annette Kopetzki.

Togliattis Begräbnis (Il funerale di Togliatti). In: *Ma noi facciamone un'altra* (1968). Aus dem Italienischen von Andreas Löhrer.

Der Weg der Einheit (La via dell'unità). In: *Non capiterà mai più* (1972). Aus dem Italienischen von Andreas Löhrer.

Der Teleputsch (Il telegolpe). In: *Non capiterà mai più* (1972). Aus dem Italienischen von Andreas Löhrer.

Was? (Che cosa?). In: *Non capiterà mai più* (1972). Aus dem Italienischen von Andreas Löhrer.

Gute Vorzeichen (Buoni auspici). In: *Non capiterà mai più* (1972). Aus dem Italienischen von Andreas Löhrer.

Anleitung zum praktischen Gebrauch von Fräulein Richmond (Istruzioni per l'uso pratico della signorina Richmond). In: *Le avventure della signorina Richmond* (1974–1999). Aus dem Italienischen von Annette Kopetzki. Zuerst veröffentlicht in: www.lyrikline.org. Mit freundlicher Genehmigung von Annette Kopetzki.

gelingt es fräulein richmond durch das nadelöhr eines kamels zu kommen? (Riuscirà la signorina Richmond a passare attraverso la cruna di un cammello?). In: *Le avventure della signorina Richmond* (1974–1999). Aus dem Italienischen von Gerald Bisinger. Zuerst veröffentlicht in: *Weitschweifige Tänze verbal. Fünf Balladen*. Klaus Renner Verlag, Erlangen 1978. Mit freundlicher Genehmigung von Johann August Bisinger.

Fräulein Richmond hat langsam genug von all diesen Hunden (La signorina Richmond comincia ad averne abbastanza di tutti questi cani). In: *Le avventure della signorina Richmond* (1974–1999). Aus dem Italienischen von Peter O. Chotjewitz. Mit freundlicher Genehmigung von Cordula Güdemann.

Das Publikum der Poesie (Epischer Prolog) (Il pubblico della poesia (Prologo epico)). In: *Le avventure della signorina Richmond* (1974–1999). Aus dem Italienischen von Andreas Löhrer.

Kleiner Appell an das Publikum der Kultur oder Poesie über die bleierne Zeit und die beschissenen Jahre (Piccolo appello al pubblico della cultura ovvero poesia sugli anni di piombo e gli anni di merda). In: *Le avventure della signorina Richmond* (1974–1999). Aus dem Italienischen von Andreas Löhrer.

Exil (Esilio). In: *Alfabetiche* (1990–2002). Aus dem Italienischen von Andreas Löhrer.

Hoffnungsbotschaften (Messaggi di speranza). In: *Estremi rimedi* (1994). Aus dem Italienischen von Annette Kopetzki. Zuerst veröffentlicht in: www.lyrikline.org. Mit freundlicher Genehmigung von Annette Kopetzki.

Elektra Chor 1-3. In: *Elettra (Operapoesia)* 2001. Aus dem Italienischen von Annette Kopetzki. Zuerst veröffentlicht in: *Drucksache* N.F. 2. Jannis Kounellis. Hg. von Wolfgang Storch im Auftrag der Internationalen Heiner Müller Gesellschaft, Düsseldorf 2000. Zweitveröffentlichung in: www.lyrikline.org. Mit freundlicher Genehmigung des Richter Verlags, Düsseldorf, und von Annette Kopetzki.

Elektra Chor 5+7. In: *Elettra (Operapoesia)* 2001. Aus dem Italienischen von Reinhard Sauer.

Reinhard Sauer: Zur Berliner Aufführung von *Elektra*. Originalveröffentlichung.

Empty cage. In: *Caosmogonia* (2010). Nachdichtung: Bert Papenfuß in Zusammenarbeit mit Antonello Piana nach einer Interlinearübersetzung von Annette Kopetzki. Erstveröffentlicht in: *GEGNER*, Heft 28, Oktober 2010, BasisDruck Verlag, Berlin, S. 11-13. Zweitveröffentlichung in: www.lyrikline.org. Mit freundlicher Genehmigung von Annette Kopetzki und Bert Papenfuß.

Nanni Balestrini: Bewegten sie sich sanft im Tanz. In: *Resine. Quaderni liguri di cultura, Nr. 132–133* (2013) – *Materiali, immagini, parole per Nanni Balestrini*. Aus dem Italienischen von Andreas Löhrer.

Nanni Balestrini: Prager Frühling ade. Aus dem Italienischen von Reinhard Sauer. Aus: *junge welt* vom 25.8.2008.

Nanni Balestrini: Die reaktionäre Gewalt der bürgerlichen Institutionen beantworten wir mit revolutionärer Gewalt. Aus: *La violenza illustrata*, 1975. In: *akzente*. Zeitschrift für Literatur 24. Jg. (1977), H. 1. Aus dem Italienischen von Renate Chotjewitz-Häfner. Mit freundlicher Genehmigung von David Chotjewitz.

Jost Müller: Gegen die Arbeit. *Vogliamo tutto* – ein literarischer Bericht über den Massenarbeiter. Aus: *Wespennest*, Nr. 150 (2008). Mit freundlicher Genehmigung des Autors.

Hanna Mittelstädt: Der Tod eines Verlegers. Aus: *Die Aktion. Zeitschrift für Politik, Literatur, Kunst*, Heft 97–100, Dezember 1992. Für dieses Buch geringfügig überarbeitet. Mit freundlicher Genehmigung von Hanna Mittelstädt.

Nanni Balestrini: Una mattina ci siam svegliati. Milano 1994. Aus dem Italienischen von Andreas Löhrer.

Renato Barilli: Jene 300.000 Stimmen vor einem Jahr in Mailand auf der Straße. In: *Resine. Quaderni liguri di cultura*, Nr. 132–133 (2013) – *Materiali, immagini, parole per Nanni Balestrini*. Aus dem Italienischen von Andreas Löhrer. Mit freundlicher Genehmigung des Autors.

Nanni Balestrini: Ein wenig Wahrheit für unsere Sonntagsghettos. Aus: *L'Unità*, 4. Dezember 1994. Veröffentlicht in: *DU* 6 (1995). Aus dem Italienischen von N.N. Mit freundlicher Genehmigung der *DU*-Redaktion.

Reinhard Sauer: Erfahrung und Verbrechen. Erschienen im Ostblog, Februar 2007. www.ostblog.de/2007/02/erfahrung_und_verbrechen_sando.php

Peter O. Chotjewitz: Nimm zwei. Aus: *jungle world*, Nr. 40, 1.10.2009. Mit freundlicher Genehmigung von Cordula Güdemann.

Franco Berardi Bifo: Ein Hitzkopf mit kaltem Herzen. In: *Resine.*

Quaderni liguri di cultura, Nr. 132–133 (2013) – *Materiali, immagini, parole per Nanni Balestrini*. Aus dem Italienischen von Andreas Löhrer. Mit freundlicher Genehmigung des Autors.

Jörg Burkhard: für nanni 80. Originalveröffentlichung.

Giairo Daghini: Für Nanni Balestrini. In: *Resine. Quaderni liguri di cultura*, Nr. 132–133 (2013) – *Materiali, immagini, parole per Nanni Balestrini*. Aus dem Italienischen von Andreas Löhrer. Mit freundlicher Genehmigung des Autors.

Bert Papenfuß: Es gibt keine Freiheit. Zuerst veröffentlicht in: telegraph Nr. 111 (2004). Mit freundlicher Genehmigung des Autors.

Jürgen Ploog: Balestrini. Originalveröffentlichung.

Michael Wildenhain: Die Form schützt das Beschriebene. Originalveröffentlichung.

Andreas Löhrer: Der unermüdliche Herausgeber und Organisator Nanni Balestrini. Originalveröffentlichung.

Raffaella Perna: Nanni Balestrini. Eine Kunst des Dissenses. In: *Resine. Quaderni liguri di cultura*, Nr. 132–133 (2013) – *Materiali, immagini, parole per Nanni Balestrini*. Aus dem Italienischen von Thomas Atzert. Mit freundlicher Genehmigung der Autorin.

Jürgen Schneider: Zweitausendvierhundert Stunden Rekombination: Nanni Balestrinis Film *Tristanoil*. Originalveröffentlichung.

Collagen

Nanni Balestrini: Paesaggi verbali, Galleria Emilio Mazzoli, Modena 2002.

BIBLIOGRAFIE

der in deutscher Sprache erschienenen
Publikationen von Nanni Balestrini

Wir wollen alles (*Vogliamo tutto*, 1971; 1974; 1988; 2004). Aus dem Italienischen von Peter O. Chotjewitz. Trikont Verlag, München 1972. Neuauflage: Assoziation A, Berlin/Hamburg 2003.

Weitschweifige Tänze verbal. Fünf Balladen (*Ballate distese*, 1975). Aus dem Italienischen von Gerald Bisinger. Klaus Renner Verlag, Erlangen 1978.

Die Unsichtbaren (*Gli invisibili*, 1987; 2006). Aus dem Italienischen von Renate Heimbucher. Weismann Verlag, München 1988. Neuauflage: Assoziation A, Berlin/Hamburg 2001.

Alles auf einmal. Text und Porträt. LCB, Berlin 1991.

Der Verleger (*L'editore*, 1989; 2006). Aus dem Italienischen von Christel Fröhlich und Andreas Löhrer. Verlag Libertäre Assoziation, Hamburg 1992.

Nanni Balestrini/Primo Moroni: *Die goldene Horde. Arbeiterautonomie, Jugendrevolte und bewaffneter Kampf in Italien. (L'orda d'oro 1968–1977,* 1988) Aus dem Italienischen von Christel Fröhlich. Schwarze Risse Verlag, Berlin 1994.

I furiosi. Die Wütenden (I furiosi, 1994; 2004). Aus dem Italienischen von Dario Azzellini. ID-Verlag, Berlin 1995.

Sandokan. Eine Erzählung der Camorra. (Sandokan. Storia di camorra, 2004; 2009). Aus dem Italienischen von Max Henninger. Assoziation A, Berlin/Hamburg 2006.

Die große Revolte. Romantrilogie: *Wir wollen alles, Die Unsichtbaren, Der Verleger. (La grande rivolta,* 1999). Aus dem Italienischen von Peter O. Chotjewitz, Christel Fröhlich, Renate Heimbucher und Andreas Löhrer. Assoziation A, Berlin/Hamburg 2008.

Tristano. (Tristano, 1966; 2007) Aus dem Italienischen von Peter O. Chotjewitz. Suhrkamp Verlag, Frankfurt a.M. 2009.

Carbonia. (Carbonia, 2013) Samizdat Verlag, Wien 2013. (Siehe auch *Carbonia (We Were All Communists [Carbonia (eravamo tutti communisti)]).* Ins Englische übersetzt von Mike Harakis. dOCUMENTA (13). Verlag Hatje & Cantz, Ostfildern 2012.

Blackout. (Blackout, 1980; 2001; 2009). Aus dem Italienischen von Andreas Löhrer, Nachwort von Reinhard Sauer. Klever Verlag, Wien 2015.

Ausstellungskatalog:
Nanni Balestrini: *Una poesia totale. Dreisprachiger Katalog (italienisch, deutsch, englisch).* MUSEION, *Bozen 2014.*

Audio CD:
Nanni Balestrini, Eduardo Galeano, Nick Hornby, Javier Marías: *Fußball. Wahre Leidenschaft.* Hg. von Gotthard Scholz. Sprecher: Peter Lohmeyer, Nina Petri, Christian Redl. Kommentare: Marcel Reif. Musik: Ansgar Freyberg, Nikolaus Wörnle. Tonkombinat, Hamburg 2002.

Eine Bibliografie der Veröffentlichungen Nanni Balestrinis in italienischer Sprache sowie der umfangreichen Sekundärliteratur ist enthalten in: Nanni Balestrini: *Antologica. Poesie 1958–2010.* Oscar Mondadori, Mailand 2013, S. XXXV-XLV. Seine Recherchen im Bereich Bild und Sprache sind dokumentiert in der Monografie Nanni Balestrini: *Con gli occhi del linguaggio,* Fondazione Mudima/DeriveApprodi, Mailand/Rom 2006.

DIE HERAUSGEBER

Thomas Atzert, lebt als Literaturübersetzer in Offenbach. Übersetzte u.a. Giorgio Agamben, Franco Berardi Bifo, Michael Hardt, Yann Moulier-Boutang, Antonio Negri und Paolo Virno.

Andreas Löhrer, lebt als Literaturübersetzer in Hamburg. Übersetzte u.a. Sergio Atzeni, Nanni Balestrini, José Bové, Italo Calvino, Pino Cacucci, Maurizio Maggiani, Subcomandante Marcos und Paco Ignacio Taibo II.

Reinhard Sauer ist Deutschlektor an der Universität Macerata in Italien.

Jürgen Schneider übersetzte Romane, u.a. von Micky Donnelly, Anne Enright, Keith Ridgway, Sean McGuffin; Sachbücher, u.a. von Theodore W. Allen, Hakim Bey, Boris Kagarlitzki, Slavoj Žižek, sowie Autobiografien von Gerry Adams, Vera Broido, Alan Kaufman, Howard Zinn. Für die Übersetzung der Gedichte von Jack Hirschman, Alan Kaufman und ruth weiss wurde er 2014 mit dem Kathy Acker Award for the Achievement in the Avant Garde ausgezeichnet. Sein Roman *RMX* erschien 2011.

DIE AUTOREN

Renato Barilli, Kunst- und Literaturkritiker, Mitglied des »Gruppo 63«, unterrichtete Ästhetik, zeitgenössische Kunst und Phänomenologie der künstlerischen Stile an der Universität Bologna. Mehrere Veröffentlichungen über die Neo-Avantgarde und den *nouveau roman.* Schreibt den Blog »Pronto Barilli«: www.renatobarilli.it

Franco Berardi, genannt Bifo, Aktivist, Schizoanalytiker und Theoretiker des fraktal-rekombinanten Kapitalismus. Jüngste Veröffentlichungen: *The Uprising: On Poetry and Finance* (2012; dt. *Der Aufstand,* 2015), *Dopo il futuro: Dal Futurismo al Cyberpunk, l'esaurimento della Modernità* (2013), *Heroes. Mass Murder and Suicide* (2015).

Jörg Burkhard, betrieb von 1968 bis in die 1980er Jahre die Buchhandlung ›Fahrenheit 451‹ in Heidelberg; nach seinem ersten Gedichtband *In Gauguins alten Basketballschuhen* von

1978 erschienen mehrere Bücher (z. B. *Rheinmetall,* 2008) mit
»Niederfrequenz-Salat«, mit denen Burkhard mühelos Scha-
ren von Hochkulturprosaisten in Schach hält; seit den 1980er
Jahren auch elektro-musikalische Experimente mit Low-Tech-
Equipment.

Peter O. Chotjewitz (1934–2010), Schriftsteller, Übersetzer und
Rechtsanwalt, lebte von 1967–1973 in Rom, zeitweiliger Verteidi-
ger von Andreas Baader. Schrieb neben experimenteller Prosa
auch politische Romane wie *Die Herren des Morgengrauens,*
außerdem mehrere Hörspiele; übersetzte Nanni Balestrini,
Dario Fo, Franca Rame, Giuseppe Fava, Leonardo Sciascia und
Sante Notarnicola.

Giairo Daghini, im Tessin geboren, zunächst Arbeiter, dann
Grundschullehrer, Philosophiestudium in Mailand, Mitar-
beit bei den Zeitschriften *Quaderni rossi* und *Classe operaia,*
Aktivist bei den FIAT-Kämpfen in Turin und bei »Potere Operaio«. Lehrte Philosophie an der Universität Genf und forschte
über Walter Benjamin, Foucault, Deleuze und Guattari. Von
1985–2000 Chefredakteur der Zeitschrift *Faces Magazine.* Veröffentlichungen: *Immaterialität und Postmoderne* (mit Jacques
Derrida und Jean-François Lyotard 1985), *Maggio '68 in Francia*
(mit Sergio Bologna 2008).

Umberto Eco, Semiotiker, Medienwissenschaftler und Schriftsteller, Mitglied des »Gruppo 63«, Lektor beim Verlag Bompiani,
Dozent für Ästhetik in Mailand, später Professor für Semiotik
an der Universität Bologna. Veröffentlichte 1962 das grundlegende kulturwissenschaftliche Werk *Opera aperta* (dt. *Das
offene Kunstwerk,* 1973), spätere Erfolge mit seinen Romanen
Der Name der Rose (1980, dt. 1982), *Das Foucaultsche Pendel*
(1988, dt. 1989), *Die Insel des vorigen Tages* (1994, dt. 1995). Weitere Veröffentlichungen: *Quasi dasselbe mit anderen Worten.
Über das Übersetzen* (2003, dt. 2006).

Hanna Mittelstädt, Mitbegründerin des Verlags Edition Nau-
tilus. Redaktionsmitglied in den verlagseigenen Zeitschriften
Revolte und *Die Aktion.* Veröffentlichungen: *Die Hacienda muß
gebaut werden* (Peter Engstler 1994) und *Augenblicke* (Peter
Engstler 1998); *Mit den Augen hören* (Peter Engstler 1995) und
Reise in die Wirklichkeit des mexikanischen Südostens (Nauti-

lus 1996); zusammen mit Anna Rheinsberg *Liebe Hanna Deine Anna – Briefe über Liebe und Literatur* (Nautilus 1999).

Jost Müller, Literatur- und Politikwissenschaftler, Veröffentlichungen zur Ideologietheorie, zur Geschichte des kritischen Marxismus sowie zur dokumentarischen Literatur; Mitherausgeber der Sammelbände *Kritik der Weltordnung* (2003) und *Immaterielle Arbeit und imperiale Souveränität* (2004).

Bert Papenfuß, mit mehreren Preisen ausgezeichneter Verfasser »schwieriger Lyrik« (Papenfuß über Papenfuß) mit dem »vollmundigen Papenfuß-Gestus von Angriffslust und Anarchie, von Risikofreude und Piraterie« (Florian Höllerer), (Mit-) Betreiber der Berliner Schankwirtschaft »Rumbalotte Continua« sowie (Mit-)Herausgeber der Zeitschrift *Abwärts*. Zu seinen zahlreichen Gedichtbänden zählt das mehrteilige Werk *Rumbalotte Continua* (2004ff).

Raffaella Perna, Kunsthistorikerin und Kunstkritikerin, beschäftigt sich mit der Geschichte der Fotografie. Veröffentlichungen im Verlag DeriveApprodi und der Zeitschrift *alfabeta2*, lebt in Rom.

Jürgen Ploog, studierte Gebrauchsgrafik und war mehr als 30 Jahre lang Linienpilot; seit den 60er Jahren auch Schreiber; zahlreiche Bücher, von *Cola-Hinterland* (1969) bis zur neuen Version des 1980 erschienenen Werkes *Nächte in Amnesien* (2014). Ebenfalls 2014: *Word is Virus – Essays. 100 Jahre W.S. Burroughs.*

Paul Virilio, Philosoph, Medientheoretiker und Dromologe. Jüngste Veröffentlichungen: *Le Futurisme de l'instant: stopeject* (2009; dt. *Der Futurismus des Augenblicks,* 2010), *Le grand accelerateur* (2010; dt. *Der große Beschleuniger,* 2012).

Michael Wildenhain, Schriftsteller, in West-Berlin aufgewachsen, Anfang der 80er in der Hausbesetzerbewegung aktiv, schreibt politische Romane: *Prinzenbad* (1987), *Die kalte Haut der Stadt* (1991), *Erste Liebe – deutscher Herbst* (1997), *Träumer des Absoluten* (2008). War mit seinem jüngsten Roman *Das Lächeln der Alligatoren* (2015) Finalist des Leipziger Buchpreises 2015.

Sì alla violenza operaia (Ja zur Gewalt der Arbeiter), 1972;
Mixed Media auf Holz, 100 x 154,5 cm

operai e padroni

ero o

OPER

Lo sciopero

ERAI o

Compagni operai,

OGLIONO

perai uniti si vi

AVORARE

nza operaia

sfruttamento

Scioperi in tutte le città

rova di forza

Sfruttam

ello stato capitalistico

stato

ella città

ERALE

o lo stato

niti si vince uniti capitalistico

rai si ribella

dali in

Rossana Campo, *Nanni pieno di cuori (Nanni voller Herzen)*, 2002;
Öl und Ölpastellkreide, Karton auf Leinwand, 47 x 54 cm

NANNI BALESTRINI
DIE GROSSE REVOLTE

Romantrilogie

Nanni Balestrinis große Romantrilogie ist das literarische Ver-
mächtnis der Revolte in Italien in den 60er und 70er Jahren.

Der Roman *Wir wollen alles* ist eine Hommage an die Kämpfe
des italienischen Massenarbeiters. Mit seiner Geschichte eines
rebellischen Arbeiters aus dem Süden wurde Balestrini mit
einem Schlag zum »Romancier des Operaismus«. Der Titel des
Buches wurde zur Parole einer »anderen Arbeiterbewegung«.

Protagonist des Romans *Die Unsichtbaren* ist ein Militanter der
Generation von 1977, der »Autonomia«, die das Land in ein riesiges Laboratorium neuer Lebensentwürfe verwandelte. Es war
eine Zeit nicht enden wollender Massendemonstrationen, der
Hausbesetzungen, linken Kulturzentren und freien Radios.

Der Roman *Der Verleger,* der mit dem Tod des legendären Verlegers Feltrinelli einsetzt, beschreibt die Zuspitzung der Kämpfe
zwischen Partisanentradition und entstehender Fabrikguerilla
in einer atemberaubend verdichteten Prosa.

*ISBN 978-3-935936-75-0 | 448 Seiten | broschiert
und als E-Book 978-3-86241-610-3*

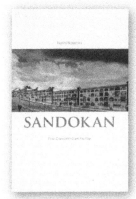

NANNI BALESTRINI
SANDOKAN

Eine Camorra-Geschichte
Aus dem Italienischen von Max Henninger

»In Nanni Balestrinis *Sandokan* ist die Geschichte des Camorra-Clans der Bardellinos beeindruckende Literatur geworden.«
Steffen Richter, Die WELT

»Balestrini beschreibt aus der Perspektive von früheren Clan-mitgliedern die Mentalität und Vorgehensweise der Camorra im Süden Neapels. Es geht ihm um die Lebens- und Alltagsvorstellungen, das Milieu, aus dem heraus sich lokale Habenichtse in globale Player verwandeln. Ohne Punkt und Komma erzählt Balestrini diese unsentimentale Geschichte. Er berichtet von provinziellen Typen am unteren Sockel der gesellschaftlichen Hierarchie, die dem ökonomischen Erfolg und Fortkommen alles andere unterordnen.«
Andreas Fanizadeh, taz

»Der Roman malt soziale Bilder der süditalienischen ländlichen Gesellschaft. Er lässt Ereignisse sprechen, moralisiert (fast) nicht. Er geht unter die Haut. Denn alles passiert jetzt. Und ist nicht erfunden.«
Roman Schweidlenko, Contraste

»Eine ebenso präzise wie lebendige Studie über die Camorra.«
Steffen Vogel, Telepolis

ISBN 978-3-935936-55-2 | 144 Seiten | broschiert
und als E-Book 978-3-86241-609-7